新时代教育丛书
名家系列

XINSHIDAI
JIAOYU
CONGSHU
MING JIA
XILIE

教者用心 学者得宜

一个初中数学名师工作室的思与行

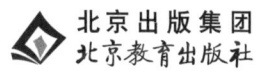

顿继安 孟庆贵 主编
刘凯 孙宝英 王佳菊
相慧芬 姚春艳 张红艳 编者

北京出版集团
北京教育出版社

图书在版编目（CIP）数据

教者用心　学者得宜：一个初中数学名师工作室的思与行 / 顿继安，孟庆贵主编. -- 北京：北京教育出版社，2021.11
（新时代教育丛书. 名家系列）
ISBN 978-7-5704-3831-0

Ⅰ.①教… Ⅱ.①顿… ②孟… Ⅲ.①中学数学课—教育研究—初中 Ⅳ.①G633.602

中国版本图书馆 CIP 数据核字（2021）第 204045 号

新时代教育丛书　名家系列
教者用心　学者得宜——一个初中数学名师工作室的思与行
顿继安　孟庆贵　主编

*

北 京 出 版 集 团
北 京 教 育 出 版 社　出版
（北京北三环中路6号）
邮政编码：100120

网　　址：www．bph．com．cn
京版北教文化传媒股份有限公司总发行
全 国 各 地 书 店 经 销
河北宝昌佳彩印刷有限公司印刷

*

787 mm×1 092 mm　16 开本　12 印张　160 千字
2021 年 11 月第 1 版　2021 年 11 月第 1 次印刷
ISBN 978-7-5704-3831-0

定价：48.00 元

版权所有　翻印必究
质量监督电话：（010）58572393　58572332　58572750
购书电话：13381217910　（010）58572911
北京教育出版社天猫旗舰店：https://bjjycbs.tmall.com

| 总　序 |

办好新时代教育

随着社会现代发展进程的推进，尤其是改革开放以来，中国教育事业加速发展，中国已建成世界最大规模的教育体系，教育总体发展水平进入世界中上行列，中国教育发展进入新时代，中国基础教育改革进入实质性的根本转型时期，处在一个走自主创新道路的关键转折点。

新时代呼唤新的教育。习近平总书记在全国教育大会上强调："立足基本国情，遵循教育规律，坚持改革创新。"面向未来的教育才有未来，新时代的教育，重在破解传统、旧有范式。基于此，面对新时代教育，与教育工作相关的所有主体都需要从思想和行动上做出努力和改变，并围绕主体价值、文化情境、智慧情怀、系统生态等关键词全面开展教育活动。

首先，新时代教育强调主体价值。

"教育同国家命运紧密相连"，点明了教育在国家建设和民族复兴中的地位和作用，强调了教育改革发展的价值取向，为我们今天准确把握办学的总体方向和人才培养的根本目标提供了思想遵循。

教育现代化的终极价值判断标准是人的发展，是人的解放和主体性的跃升。自古以来，中国的教育传统既强调教育的人文性，也强调教育的社会性，相应地，在人才培养目标上既强调完善自我，也强调服务社会和国家，更强调在服务社会和国家中达到自我的充分实现。新时代更要坚守教育本质，重视教育的价值观建设，坚持以社会主义核心价值观为引领，回答好"培养什么人、怎样培养人、为谁培养人"这些根本问题，从而培养有历史责任感、志存高远的时代新人。

其次，新时代教育强调文化情境。

学校不仅是传播知识、文化、智慧的地方，更是生产知识、文化、智慧的场所。学校无文化，则办学无活力。学校是文化传承的主阵地，学生文化、教师文化、课程文化、网络文化和制度文化等现代学校文化建设，引领了学校的发展，呈现了学校办学气质。

更重要的是，文化创设情境。"为学生一生发展奠基"，统整科学与人文，优化学生生存环境，借由"境中思""境中做""境中学"，实现学生主动学习与发展、个性化成长及德育渗透。

增进文化认同，是学校管理者的重要使命。政策制定者、执行者和教育管理者，一定要从为国家和民族培养优秀人才的角度关爱引导师生，让每位教育工作者深刻认识到"教育"二字蕴含的国家使命，真正将为国家和民族培养人才、培养爱国奉献的人才这一价值追求切实贯穿于办学育人全过程，一代一代坚持下去。

再次，新时代教育强调智慧情怀。

国之兴衰，系于教育。教育兴衰，系于教师。教育同国家的前途命运紧密相连。这当中，智慧型教师和教育家尤其为新时代教育所期待。他们目光远，不局限于学校和学生眼前的发展，而是着眼于未来；他们站位高，回归教育的本体，努力把握并尊重敬畏教育的共识、规律；他们姿态低，默默耕耘，淡泊明志，宁静致远；他们步伐实，总能紧紧围绕学生、教学、课程、教师发展等思考自己的职责和使命。

总而言之,教育家顺应时代潮流,立足现实,展望未来。在把握办学方向、把握时代脉搏的基础上,他们勇立潮头,担当时代先锋,他们对历史和未来负责,超越现实、超越时空、超越功利,用教育的力量塑造未来,解放学生的个性、想象力和创造力,共同推动和引领中国基础教育改革和创新,愿意为共同探索中国未来教育之道而做出巨大的努力。

最后,新时代教育强调系统生态。

观古今,知兴替,明得失。关于未来的认识是选择性的,未来"未"来,新时代的教育人需要根据某种线索去把握超出现在的想象并做出价值选择。这种价值选择的关键还在于,教育人真切明晰,未来学校是面向未来的学校,是为未来做准备的。教育中的新与旧、过去与未来,不是对立的,而是连续的,从而能够让教育者基于教育的本质和规律守正创新,坚守立德树人的初心。

各级各类学校之间是相互依赖的,单一的学校不能构建成一个完整教育系统,唯有每个学校都致力于体现自身的教育特性,努力实现自己所承担的教育任务,发挥出自己的教育作用,才能共同构成一个完整的教育系统。加强基础教育改革设计的整体性、系统性和长期性,把"办好每一所学校"作为基础教育改革发展的主要目标,是共同构建良性的教育生态,发挥整个教育系统功能的最优选择。

在这种情境下,"新时代教育丛书"的策划出版具备极强的现实意义。丛书通过考察和认识各地名校教育实践,寻找新时代教育的实践样本,清晰梳理了新时代教育中名校、名校长、名师、名班主任等的发展脉络,记录了新时代教育正在逐渐从被动依附性转向自主引导性,并在与现代技术的融合中彰显出其对于经济和社会生活的主导价值。

丛书提供了不同类型、不同地区的中小学名校、名校长及名师、名班主任在探索、构建新时代教育过程中鲜活的实践案例及创新理念。从中，可以看到有深厚历史积淀的传统名校，也可看到新时代教育发展浪潮中的新兴学校，其中有对外开放探索中国本土化教育的小学，也有站在教育改革潮头的中学；还可以看到开拓创新引领时代风气之先的名校校长、专注各自领域的优秀教师，以及新时代教育变革下的全国各地不同的班主任的德育之思。

更难能可贵的是，丛书不仅包括一般情境下的"案例"，也包括了特殊情境下的思考，不同系列注重了从"现象"到"本质"的过程，进而升华到方法论。丛书的每一本著作既是独立完整、自成体系的，也是相互呼应的，剖析问题深入透彻，对策和建议切实可行，弥补了教育理论和学校实践之间的差距，搭起了一座供全国教育研究者、学校管理者了解新时代教育及未来学校落地实践的桥梁。

未来学校不是对今天学校的推倒重来，而是对今天学校的逐步变革。这不仅仅是对学生提出的挑战，更是对学校发展建设提出的挑战。我们始终强调，理论不能彼此代替、相互移植，中国基础教育的改革与发展，必须靠中国的教育学家和广大教育工作者来研究和解释，从而构建立于世界之林的新时代中国基础教育的改革和发展的当代形态，实现理论创新和方法创新。

期待丛书能给更多的中小学校以启发，给教育工作者以有益的思考，供他们参考借鉴，帮助他们寻找到新时代教育的钥匙，进而在新时代教育的理论指导和教育改革实践带动下，因地制宜、因校制宜地落实到新时代教育工作中，引领学校新样态发展，助力更多学校在新时代背景、新教育形势下落地生花，实现特色、优质与转型发展，快速提升基础教育水平，推动教育改革发展，实现立德树人的根本任务，办好人民满意的教育。

新时代教育丛书编委会
2021 年 1 月

序 言

2017年12月，我开始担任为期三年的北京市通州区"名师工程"初中数学市区骨干教师工作室（下称工作室）的理论导师，负责工作室的课程设计、重要课程的实施和学员成果指导等工作。在与工作室主持人孟庆贵老师的有效合作中，工作室的活动虽然辛苦但是充实且令人愉悦。至2020年12月，工作室如期完成了全部研修任务，梳理三年的代表性成果，形成本书。

本书的书名"教者用心，学者得宜"来自工作室相慧芬老师在一次活动中做的微讲座的题目。这个题目所表达的教师赋予自己对学生成长的责任让我深受触动，也让我联想起"苏步青数学教育奖"一等奖获得者、著名数学特级教师张思明老师对自己"用心做教育"这一教育思想的诠释："用心做教育，方能留心观察，细心品味。用心做教育，方能专心实践，恒心坚持。用心做教育，方能达高致远，宠辱不惊。用心做教育，方能童心不泯，拥有爱心。用心做教育，方能心怀感激，胸襟坦荡。用心做教育，方能展示自我，感悟生命。"我想，"教者用心，学者得宜"可能是我国优秀教师共同的教育信仰，这种信仰能够让教师在琐碎繁杂的日常工作中始终保有为师者需要有的激情，能够让教师拥有完成各种挑战性任务的智慧和勇气，能够让教师在外人看来很平凡的岗位上做出并不平凡的成绩。

"用心"是工作室成员的普遍特点。作为通州区初中数学教师队伍中的优秀群体，他们的用心表现为长期自主、积极、持久地专注于教育教学，对教育教学的情感的外化表现为自主学习、钻研教学、关爱学生、不断追求自我超越等具体行为，也普遍在一定范围内具有一定的知名度。有几位老师还身兼学校的副校长、教学主任、教研组长等，而参加"名师工程"，并非为出"名"，而是求"明"，即"明"自己的经验之"理"，渴望以参加"名师工程"为契机将多年积累的教学经验进行结构化提炼，将自己对数学教学的观点和看法"说清楚"。

工作室组织的研修活动是多样的，包括学员可以汲取外部营养和他人经验的专家讲座、外出参加学术会议、观摩课、专业阅读等。也包括以促进学员深度实践反思为主的课题研究、专题讲座、展示课、教学主张提炼、教育故事讲述等，每类活动都有代表性成果，不同成果也都有共同特点，就是与实践、与课堂紧密结合。"课堂是活的教育理论"，但对许多教师而言，他们并不清楚自己的理论，需要他人的帮助才能认识到自我的理论，即稳定行为背后对教学的深层理解或感悟。而导师起到的重要作用之一，就是走进学员的课堂和其他教学作品，发现其经验用宽泛而庞杂的"新的课程理念"中哪些具体理论进行解释更为适切。找到了具体的理论，再进行必要的知识补充、自觉的实践与研究等活动。原本的"做法"也会因为有了理论的支撑而变得更有张力，也会建构出更为丰富的策略。

对于一线教师来说，写作是艰难的，对于指导教师来说，帮助学员修改文字作品亦是艰苦的。然而，维特根斯坦说过："把精神说清楚是一个巨大的诱惑"，在这种诱惑下，教师努力将自己本来处于缄默形态的认识用明确的语言表达出来，不仅仅是口头表达、做报告，还要用文字表达、写出来。而与"说"相比，通过"写"作者虚无的想法有了文字这种表达形式，这让虚空的意识中的不周严之处得以显现，而为了完善自己的意识产品，就需要更深入的思考，于是"写"的行为促使了意识的不断增生，"写"更能促进深思。从痛苦的深思中走出来的教师，其精神是愉悦的，其认识是升级的，"教者用心"对自己经验的深度加工也必定会更好地使"学者得宜"，这是对自己成长的纪念，也必定能够对从事数学教育和教师教育的同行有所裨益。

  本书的作者均为工作室团队成员，包括工作室的理论导师、主持人和学员：通州区教师研修中心孟庆贵，潞河中学孙宝英，北京育才学校通州分校王佳菊，北京理工大学附属中学通州校区相慧芬，首都师范大学附属中学通州校区张红艳，通州二中刘凯，通州四中姚春艳。每位作者所写内容在文中注明，全书由顿继安、孟庆贵设计框架、修改并统稿。

  由于作者水平有限，书中难免存在疏漏和值得商榷的问题，恳请读者不吝指正。

顿继安
2021 年 3 月

目 录 / CONTENTS

第一部分　数学名师工作室的思与行

第一章　多角度认识教师"研究"的意义　/ 003
研究的实践意义：改进教学　/ 003
研究的理论意义：发现规律　/ 007
研究的学习意义：促进真正的学习与理解　/ 010

第二章　如何组织和指导教师开展研究　/ 016
明确研究内容　/ 017
有针对性地选择研究方法　/ 023
预期成果的设计　/ 027
研究中的反思、合作与专家引领　/ 029

第二部分　初中数学名师们的思与行

第三章　教学主张　/ 035
教"有趣"和"有用"的数学　/ 036
给孩子空间　/ 050
整合，为了学生更好的理解　/ 054

第四章　专业作品　/ 059

将个人的学习与国家发展联系起来——"分式方程的应用"教学探索　/ 060

一个拼接钱包引发的数学探究　/ 065

让问题从学生的经验中生发出来——以"一元一次方程的应用之行程问题"为例　/ 074

怎样解题——以"圆中的综合题"为例　/ 084

一堂跑题的数学课——兼谈中考备考阶段的学生心理和情绪调控　/ 093

基于学情认知水平理论的数学课堂教学案例分析　/ 096

第五章　专题研究　/ 104

数字化学习背景下的初中数学教研探索　/ 105

指向初中生数学阅读能力培养的教与学问题透视　/ 120

数学核心素养下的新定义问题教学探索——以"关联点"问题为例　/ 127

现实情境对学生数学学习的三重作用　/ 135

第六章　专业学习　/ 142

"基于知识形成过程的数学教学"阅读摘抄与体会　/ 143

"守望·成长——特级教师谷丹教育教学知行录"阅读摘抄与体会　/ 153

今天我是出题人——来自"分式乘方的运算"一课的小故事　/ 162

"猴子爬树"与"地铁跑酷"——来自"二次函数图象"一课的故事　/ 165

后　记

有志，有心，有乐——教师专业成长之路　/ 170

第一部分

数学名师工作室的思与行

"名师工作室"是近年来出现的一种教师培训的新形式,"名师"的含义有两种:一是工作室的主持人自身是名师,即在某一区域范围内具有一定知名度和影响力的教师,他们都具备先进的教育教学理念、鲜明的教学主张和高超的实践能力,通常也拥有特级教师、学科带头人等荣誉称号,组建工作室的主要目的是发挥名师的示范、带头和指导作用,促进区域或学校中青年骨干教师的发展;二是工作室的学员是名师,即已经具有一定的影响力和特定的荣誉称号的教师,比如特级教师、学科带头人、骨干教师等,工作室的主持人或指导教师通常为高校教师,成立工作室的目的或是共同开展并推动一些重难点问题的研究与解决,或是提炼这些工作室名师的教学特色、教学主张,促进他们"将自己的经验转化为可传递的知识",在他们成长为教育家型教师之路上提供助力。

与一般的教师培训相比,无论哪种含义下的名师工作室,都更为充分地体现"研训一体"的理念。实际上,近年来的教师培训实践都越来越重视这一理念,人们也越来越倾向于用"教师研修"一词代替"教师培训"。其实,无论是"培训"还是"研修",其基本功能都是促进教师的学习与发展,但这种用词的转变所代表的,是必须尊重教师自身经验,尊重教师对自身发展需求的感受与确定,充分发挥教师在解决问题和改进教学实践过程中的主观能动性,诚如文哲先生所言:不把接受培训的教师只看成受教育者,而是首先承认他们是有理念、有思想、有方法、有经验的教育实践工作者,所以一切"教育"他们的企图,都必须建立在他们自身主动学习并力求改变自己的意愿的基础上,一切"教育"他们的活动都必须基于他们自身的实践经验与学养基础,而不能期望于"上行下效",或者"改造""说服"之类的举措。[1]

现代汉语词典对"研修"的解释是"带有研究性质的学习进修"[2],因此,倡导"教师研修"就是要提倡教师通过开展研究活动而形成新观念、新知识与新技能并产生代表新的认识的作品等,于是,如何认识教师开展研究的意义,如何组织教师开展研究,就成为名师工作室的主持人和理论导师设计和组织开展名师工作室各项工作所面临的基本问题。

---

[1] 张铁道. 教师研修:国际视野下的本土实践 [M]. 北京:教育科学出版社,2015:序二.
[2] 中国社会科学院语言研究所词典编辑室. 现代汉语词典(第五版) [M]. 北京:商务印书馆,2005:1567.

第一章

多角度认识教师"研究"的意义

无论什么身份的教育研究者,开展教育研究的动机、原因和愿望总体上都可以分为三类:实践与实用的意义、科学或理论的意义、对研究者个人的学习与理解的意义。当然,一线教师开展教学研究会因与高等院校和科研院所的理论工作者的工作性质和知识结构的不同,在这三方面意义上各自有所侧重,比如,更加重视研究的实践改进意义和对于自身理解新的观念和知识的意义。

研究的实践意义:改进教学

无论是理论工作者还是一线教师,开展初中数学教学研究的最重要甚至终极目的都是改进教学工作,也可以说,任何研究都始自研究者对现状的不满,是研究者追求更好的解决方法的产物,而一线教师的研究更应该以此为首要价值取向。

值得注意的是，在我国，提倡教师作为研究者，是随着第八次课程改革而日益得到重视的。而在过去漫长的教育历史上，教师曾经主要被看作某种神圣的或者社会主导观念的传播者，一个人要想成为教师，只需要具有相关的知识和观念就可以了，而在教育走向普及之前，数学像其他学科一样，一个人只要具备初中数学知识就能够担任初中数学教师，数学教学的内容和价值取向也较为稳定，教师凭借自己的经验基本都能够应对。

但当今这个时代，初中数学教育需要面向每一位适龄人，使得"人人都能获得良好的数学教育，不同的人在数学上得到不同的发展"[①]，而随着政治、经济、科学、技术的发展速度加快，以培养能够适应未来社会的人为基本目的的初中数学教育，必须适应这种变化，基础教育课程改革已经并非以"课程标准"修订为标志的国家性、周期性行动，而是渐渐走向"新常态"。这一背景使得教师的教学实践工作面对许多新挑战、新问题，这些挑战和问题通常没有现成的答案，而是需要教师经由研究而解决。

一方面，课程改革不断提出的新理念、新方法在课程实施过程中必然会出现各种各样的问题，这些问题是过去的经验甚至理论难以解释和应对的，必须由教师在实践中不断摸索并加以解决；另一方面，新课程的设计本身就赋予了教师课程结构的建构者、组织者、开发者和创造者的角色，因此，无论情愿与否，投入新课程中的教师一开始就被置于研究者的地位，教师必须以研究的姿态来对待和实施新课程。

比如，为了培养学生的应用意识、提出问题的能力，初中数学课程内容中增加了"综合与实践"这一学习领域，这一领域没有具体的知识，但

---

① 中华人民共和国教育部. 义务教育数学课程标准（2011年版）[M]. 北京：北京师范大学出版社，2012：2.

其地位却与有着大量具体知识的数与代数、空间与图形、统计与概率等领域相同。那么，这样的内容用什么样的载体教、用什么样的形式教、通过教学是否达到了预期目标，这些需要教师根据自己所拥有的资源和自己学生的特点，借鉴他人的经验探索。

再比如，"尊重学生主体地位"的理念得到了广泛认同，因此，教师们会给学生较多的自主探索、合作学习的机会，课堂变得更加活跃了，但是却"意外"频出，预定的教学任务完不成的情况屡屡出现，如何在学生自主探索的开放性和数学课堂必须追求的以知识与技能得以落实为标志的有效性之间保持一个平衡点？在根据实际情况做出决策的过程中，许多教师都认识到了做好学情分析的重要性。可是，怎么做好学情分析？常见的方式是分析"学生已经学了什么""学生的数学学习兴趣、学习习惯、学习积极性如何"。但是，这只是理想中的学生基础，并不能让教师精准预测学生在学习新知识、面对新问题时有何表现，而教学实践表明，即使有着相同知识基础的学生，在面对相同的问题时，也可能会产生不同的反应，简单以学生是否学过和当初学得怎样作为判断学生能不能解决相关问题的依据，并不一定与学生的真实情况一致。例如，我们曾经在一所学校八年级学生"分式"单元的教学研究中做过一次前测，其中包含学生学过的合并同类项的题目和没有学习的分式运算的题目，调查中共有一道合并同类项问题和三道分式运算问题，调查结果如下：

合并同类项问题为化简 $5x^2y-xy^2+x^2y+2xy^2$，正确率为 42.3%；

分式运算问题中，$\frac{3b}{2a^2} \cdot \frac{5a^2}{4b^2}$ 的正确率为 37.2%，$\frac{3m}{2n^2} \div \frac{m^2}{4n}$ 的正确率为 38.9%，$\frac{14mn}{3a} \div 12m^2n$ 的正确率为 40.6%。

调查表明：学生学习过的整式加减法的化简问题的正确率似乎与没学

过的乘除法化简问题的正确率相差无几,类似现象的出现很可能会使得我们在学生学过的知识上高估学生、在学生没学过的知识上低估学生,与"尊重学生的学习主体地位"理念相距甚远。

一些老师本来很熟悉的传统教学内容在新的课程理念下也需要有新的视角和教学策略。例如,基于对课标强调的教学要"体现知识的形成过程"[①]的要求的落实,一位教师对"整式乘法"这一传统内容做了如下研究:

教材是从同底数幂的乘法开始安排的,同底数幂乘法是整式乘法的特殊情况,也是一般整式乘法的基础,这种安排从知识体系上看符合逻辑。许多老师开场白会说:"我们今天要学习整式乘法,先学同底数幂的乘法,同底数幂的乘法在这一章起到承上启下的作用,是我们学习整式乘法的基础。"但是这种"虚晃一招"的方式并不能让学生真正看到并理解同底数幂乘法是整式乘法的基础,他们不理解为什么先进入同底数幂的乘法的学习,只是接受了教师的观点而已。

那么,为什么在整式乘法中要先学习同底数幂乘法?分析整式乘法,最复杂的或者说最一般的情形就是多项式乘以多项式的问题,它的解决过程是:通过乘法对加法的分配律转化为单项式乘以单项式,进而借助乘法的交换律和分配律转换为同底数幂乘法问题,接下来还可能借助合并同类项进行化简、得到结果。这个过程中,运算性质、合并同类项都是学生熟悉的知识,学生唯一不熟悉的就是同底数幂的乘法问题,也就是说,解决整式乘法问题实质上只有一个新问题需要探讨,就是同底数幂的乘法问题。

基于这种分析,体现知识的形成过程的"整式乘法"单元教学需要

[①] 中华人民共和国教育部. 义务教育数学课程标准(2011年版)[M]. 北京:北京师范大学出版社,2012:64.

做出调整：直接从课题"整式乘法"开始，先请学生基于对课题的理解自由提出一些整式乘法的问题，再选择一个进行运算，然后分析运算过程中需要用到的原理以及需要重点处理的问题，最后聚焦到同底数幂乘法。

一些学校甚至地区性的改革也会为教师带来一些新问题。例如，北京市的中考出现了阅读量大、题目灵活、难度降低的特点，一些学校的数学课从每周6节改为5节，等等，这些都需要教师做出相应的调整，而好的调整势必要以研究为基础。在本书的第二部分，老师们的研究成果有关于单元教学的，有关于课程思政的，有关于数学阅读的，这些成果都是教师立足于对在实践中遇到的问题的探索而形成的。

研究的理论意义：发现规律

实际上，数学教育教学理论并非是只有专家才能提出的神秘之物，它只是对数学教育教学中发现的具有普适性的规律的概括，因此，当一个具体问题解决了，一个具体教学改进过程完成后，如果研究者能够探究一下这个具体问题的特点、这个具体改进方法的关键所在，就可能将对"一个"问题的认识变为对"一类"问题的认识，某个规律就被发现了，如果经过文献检索，确认自己找到的规律尚无他人发现，那研究就具有了为人类认识世界提供新的有益的知识的意义。

数学教育中的一个经典的案例就是著名的"几何思维水平"理论，其提出者是两位来自荷兰的一线数学教师范·希尔夫妇。范·希尔夫妇在教学中发现教材所呈现的问题或作业所需要的语言及专业知识常常超出了学生的思维水平，为了解释这一现象，他们学习了瑞士心理学家皮亚杰的认知发展阶段理论，并将该理论用于自己对学生的数学学习过程研究，提出了刻画学生几何学习不同发展阶段的"几何思维水平"理论模型，如今，这一理论模型在许多国家的数学课程设置中都产生了影响。

我国数学教学中虽然没有产生过像"几何思维水平"这样在世界范围内产生重大影响的理论成果，但也有许多富有特色、对同行具有启发或借鉴作用且得到了广泛应用的成果，例如，顾泠沅先生提出的"变式教学"理论，就始自其在上海青浦区作为一线数学教师以及随后作为教研员时期的探索。

规律的类型有很多，比如，从某个新视角对某个教学内容产生的新认识，某个题目的解题新方法，某种方法对于教学的新作用，等等。另外，规律有大小，规律大小指的是规律的适用范围的大小。对于一位一线初中数学教师来说，可能用来总结规律的事实主要来自自己的经验、自己所教的学生，因此，总结出的规律的适用范围可能会比较小，但同样是有价值的。事实上，由于学习的复杂性，也鲜有能够放之四海而皆准的规律。

例如，一位教师发现自己的学生解一道不等式的应用题时出错的原因在于将题目中"脱销"一词的含义理解为"卖不出去"，告诉学生这一词语的正确含义，学生的错误就被纠正了，"学生对于脱销概念可能会有误解"这一规律可以在教师以后的教学中直接应用。另一位老师在一道函数应用题教学中发现，学生由于不知道情境中"功率"的含义而被困住了，给学生解释了"功率"的含义后，学生很顺利地就将这个问题解决了，"学生不知道功率的含义"这一规律也可以用于教师以后的教学。但是如果我们将上述两个学生的具体困难的特点做一下分析，就会发现一个更具普适性的规律：在解应用题的过程中，学生的困难可能来自对生活或者其他学科的概念的误解。显然，这一规律的使用范围更广，如果掌握了这一规律，教师在与学生探讨一些有新情境、新背景的问题时，可以先问学生:"这里有你觉得自己可能不太理解的词吗?"或者问:"某某,你能说一下自己是怎么理解题目中某词的意思的吗?"

但是,另一个关于"一元一次不等式组与盈余问题"的研究中,却有不同的发现。教师在教学中设计了这样一个问题:

在新学期开学时,我校学生发展中心的李主任为咱们初一新生安排宿舍,如果每间住4人,则20人没床位,如果每间住8人,则最后一间宿舍不满也不空,则我校共有几间宿舍?学生共有多少人?

备课时,教师认为学生的难点应该是不等关系的确定,她筹划了许多策略帮助学生找不等关系;然而在教学中,学生找不等关系没有丝毫障碍,给出了非常丰富的解释,包括"不满也不空指的是最后一间宿舍的人数大于0小于8""最后一间宿舍剩下的床位数大于0小于8""最后一间宿舍的人数可能是1,2,3,…,7"。但是在将这一不等关系表示出来时,学生却普遍遇到了困难。观察发现,学生无一能列出不等关系。这说明,尽管找不等关系是这节课的新问题,但学生的困难却发生在将最后一间宿舍的人数表示出来上,而这需要的是对题目中的等量关系的分析——学生的困难并不在新知识上,而在于在老师看来已经学过、学生应该掌握的知识上。

无论是数学,还是学生的数学学习规律,都是较为复杂的问题,迄今为止也没有一个理论能够非常有把握地解释所有的现象、解决所有的问题。而数学教育心理学作为一门经验性的科学,依靠之前缺乏实践体验的文本式学习是很难做到真正理解这些现象和问题的,何况理论为数学教师的教育教学活动提供的通常只是一般的指导,而不是固定的、用以解决特定问题的公式。现实问题远比理论的假设要复杂,在很多情况下,教师将一般的理论用于实践的过程具有创造性的成分,也具有对理论个性化解读和新发现的空间。

研究的学习意义：促进真正的学习与理解

研究具有推动教师的学习和深入理解两种意义。

当日常的教学工作注入研究的内涵后，教师的常规工作就成了有假设、有猜想的获得，而破解猜想和验证假设除了自主实践探索外，还需要借助他人的经验及理论知识，这个过程就带来必要的文献查阅、理论阅读、知识补充，这样，研究就具有了促使教师围绕要解决的问题开展学习的推动作用。比如，工作室对"数学阅读"进行研究的老师，希望从语文、英语等学科中找到营养，发现 PISA 阅读素养测试对于阅读任务的水平分层很有意义，于是用该分层方式设计数学阅读任务，发现了学生数学阅读的深层次问题。

研究推动的学习获得的新理论还会为一些对教师来说或习以为常或一直困惑的现象赋予新的意义，这些现象就不再是孤立现象，而是成了某一理论的案例，从而与其他现象建立起联系，这既有益于找到解决问题的方法，也会为教师带来一些独特的情感体验。比如，豁然开朗的感受，诚如工作室的一位老师说的"为我教学备课时隐隐约约感到的困惑找到了缘由"。

苏霍姆林斯基关于研究的意义的一段话广泛流传并被许多教师和研究者认同，"如果你想让教师的劳动能够给教师带来乐趣，使天天上课不至于变成一种单调乏味的义务，那你就应当引导每一位教师走上从事研究这条幸福的道路上来"。研究之路的幸福感主要来自学习带来的充实感和重新发现自己经验的意义的新鲜感。实际上，这种幸福感的产生与教师认知得到发展紧密相关，当自己的猜想经过探索证明为真时，教师会为自己对世界的认知而自豪,而当自己的猜想被检验为伪时,教师会对自己原来的想法做更为系统的剖析,从而带来更深的自我认识,包括重新认识自我的价值取向、自我的方法论和相关知识。

研究对于教师学习的第二种意义与中小学倡导学生开展"研究性学习"的意义相同,也就是说,教师通过研究发现的数学教育教学规律,对于学界来说并不是新的,而是已经被前人发现并提出的,而教师通过亲身开展研究而"再发现"这一规律,会比听专家讲座或阅读有更深刻的理解,同时还能学会一些研究方法。

下面的论文代表了这一种意义。

莫把学生当白纸[①]

当学生走进课堂的时候,他们的头脑里并不是一张白纸,教师不能把他们看作"空的容器",并按照自己的意愿,以自己对数学的认识和感受去设计教学活动,往这些"空的容器"里"灌输数学"——对于新课程提出的这些理念,我是认同的,我在平时的教学设计上也经常创设情境,通过探索知识、与同伴交流合作或是动手操作等活动,让学生主动地去发现知识,体验知识的产生过程。然而,实践中会由于这样那样的问题而出现不尽如人意的地方。因此,没能够坚持下去。然而一次学生调研活动,让我真正重新理解了"学生不是白纸"的含义,理解了教师的教与学生的学的关系,也让我对数学教学产生了新的认识。

一、问卷调查触动了我对教与学关系的反思

"有理数减法"是七年级上学期的内容,教科书是从加法入手,通过对比利用减法与加法的互逆关系得出减法法则,我最初构思的教学设计也是这种思路。

---

① 赵凤娥,顿继安. 莫把学生当"白纸"[J]. 基础教育课程,2009(12):35-36.

为了调查学生对加法的掌握情况，我设计了一份问卷，问卷中同时也编制了一道有理数减法的问题，想顺便了解一下学生根据已有的知识对有理数的减法的建构能力：

① -5+8=　　　　　　② -3+（-5）=

③ （+5）+（-10）=　　④ 0+（-6）=

① 5-0=　　　　　　　② 0-5=

③ 2-5=　　　　　　　④ 3-（-3）=

然而这次问卷调查的结果让我感到很意外，我开始重新认识学生的学习，反思自己的教学。

调查发现：4道加法题的正确率为71%，比我预想的要低很多；而4道减法题的正确率为67%，其中有6人4道题全部正确，这又完全超出了我的预计。

教师的教是为了学生的学，似乎应该直接表现为通过教学，学生从不会到会。然而，以没有学过的有理数减法问题作为参照，这次调研似乎表明，有理数加法一课的教学似乎并没有让学生显著地提高，我的教未必导致了学生的会，学生的会未必源自我的教。我真正地理解了"学生不是一张白纸"的含义。

二、学生研究让我重新认识数学教学

没有学习有理数减法，学生中就有如此高的比例能够解决有理数减法的问题，他们的算法是什么呢？我对同学做了追问。

对于题目"0-5"，有的学生说在数轴上从原点向左数5个格结果就是-5，我追问为什么向左数，学生说"减少了当然向左"；还有的学生利用温度计作答，由0度下降5度结果就是-5度。

有理数减法的4道题中最难的是第④题"3-（-3）"，我重点找做对这道题的8名学生做了访谈，他们的解释有4种：一是在暑假有人给讲过了；二是根据前边学习的符号变化"负负为正"得出3+3=6；三是利用温度计理解为由+3℃降到-3℃，共降了6℃；还有的学生说考虑3与-3之间的距离为6。

学生为自己的结果找到了各种各样自认为合理的理由，他们充分利用了自己已有的知识、经验、方法，这让我对自己的学生刮目相看，感到了他们的潜能。于是决定对这节自己已经教了四五遍的课、非常熟悉的课，改变以往由加法引入，再利用加法与减法的互逆性，让学生通过观察减法与加法算式归纳出法则的方式，直接从一个具体问题出发：

北京的冬天某天的气温为-3℃~4℃，那么这一天的温差是多少？

学生很快列出算式并得出结果：4-（-3）=7。

这节课的重点就通过对"为什么是7"的讨论推进了，同课前一样，学生的解释很丰富，包括：

解释1：利用温度计看出来的；

解释2：利用数轴思考，4-（-3）是4与-3之间的距离，所以是7；

解释3：-（-3）表示-3的相反数就是+3，所以算式就是4+3=7；

解释4：根据海拔高度的知识算出来的；

解释5：加法与减法的互逆运算。

学生的解释让我对他们刮目相看，看着他们冥思苦想、努力论证的样子，我陷入了深深的思考：对于我来说，有理数减法法则是一个太熟悉的内容，我从没想过有理数的减法法则还有除了转化为有理数加法法则之外的其他定义方式。学生认识有理数减法的方式远远超出了最初"作为加法的逆运算"的范围，数轴、相反数的概念等知识已经成了学生学会新知识的丰厚土壤，而单纯强调与有理数加法的联系也许会束缚他们的思维。现在回想起来，有理数加法的教学之所以出现问题，也许正与我解释角度的单一，也未给孩子主动与其已有的知识建立联系的机会有关。

学生真的不是一张白纸，我们只有做学生研究，才能了解学生已经具备的建构能力，发现学生，给学生更大的自主学习空间。

"莫把学生当白纸"显然并非是论文的作者首次发现的，作为现代教育理论构建的一个基本出发点，也是21世纪初开始的课程改革不断希望教师形成的认识，是落实"尊重学生主体地位"等理念的基础。作为已经浸润了课程改革理念多年的一线教师，本研究的作者不是通过这次研究才知悉，但这次研究经历让其真正结合具体的数学知识理解了"学生不是白纸"的含义，也让其对"研究"的意义有了更深切的体验。

美国数学教育家、克莱因数学教育奖获得者尚菲尔德（Alan H. Schoenfeld）研究发现，影响教师教学决策的行为受其所拥有的知识和资源（knowledge and resources）、目标（goals）、信念和观念（beliefs and orientations）的影响[①]。因此，教师要改变自己的教学行为必须先改变影响自己行为的观念，前提是觉察到自己的观念。

比如，一位老师在"平行四边形"教学之前，为学生发放了一份问卷，问卷中包括下面两个问题：

1. 请你画一个平行四边形，并说说什么样的四边形是平行四边形。

2. 下面是一个平行四边形，

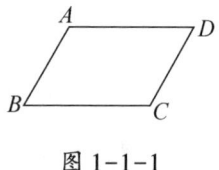

图 1-1-1

（1）已知 $AB=6$，你能得到 CD 的长度吗？说说你的理由。

（2）已知 $\angle B=60°$，你能得到其他角的度数吗？你是怎么得到的？说

[①] Alan H. Schoenfeld. How we think: A theory of goal-oriented decision making and its educational applications. New York: Routledge, 2010.

说你的方法。

得到的调研数据是：学生每道题的正确率都在90%以上。教师感到很惊喜，在调研后记中写道："这次调研让我对自己的学生刮目相看。我发问卷的时候，告诉他们：看看你们的水平，会做这张试卷上你没学的题吗？我看到的不是垂头丧气，而是兴奋不已。在答问卷的过程中，看到学生们运用手中的工具大胆探索出结论，我当时产生的想法是不要不相信孩子，他们是有办法的，以后的课堂，我们老师应该好好思考怎样'放手'把课堂还给学生。为什么孩子们本身对未知是充满冲动的，而在我们的教育之下，反而这些冲动却一点儿一点儿地消失呢？是孩子的问题吗？还是我们真的应该反思：我们的课堂教给了学生什么？给孩子带来了什么？"通过教师的这段话，我们看到这次调研改变了教师关于数学教学的认知，而以这种调研所获得的结论开展的教学就会从学生真正的起点开始，教学的有效性就会增强。同时，学生的表现唤醒了教师对潜藏在自己心灵深处的观念的认识：教师原来竟然以为学生遇到没学过的问题就会"垂头丧气"。而如果在这样的观念指导下进行实践，教师就更倾向于给学生挑战性较低的任务，限制学生的思维发展空间。

第二章

如何组织和指导教师开展研究

教师的研究按照规范性可以分为两类。一是通过申请各级各类课题开展正式的研究。申报和参与课题是教师科研意识觉醒的重要标志,很多优秀教师的成长也与参与的各类正式课题是离不开的,正式的课题研究需要按照课题管理要求进行,包括填写课题申报书,撰写开题报告、结题报告等文件,这些文件通常有格式的要求,格式中规范了研究程序和方法。二是基于日常教学工作的自主研究。这类研究并没有规范的程序,但是能够非常直接、及时地反映出教师面对教育教学实践中出现的各种问题的状态,是教师改进教学的有效途径,许多教师也会以自己的这类研究为素材进行整理,或口头报告给同行,或撰写成论文发表于各类期刊,经常开展这类研究的教师具有非常鲜明的"研究型教师"特征。

无论开展研究的过程是否有规范的程序,任何研究都是有目的和有计划的活动,只有事先就有明确的问题、清晰的目标,才能在过程中有意识地收集资料和证据,也才能确信自己是否回答了所提出的问题,形成有说服力和有意义的成果。不同的是,前一类研究中研究者需要将研究的设计用文字清晰地表达出来,而后一类研究的研究者经常将这些内容置于头脑中，只在报告成果和论文写作时才表达出来。需要指出的是，要重视将研究计划用文字表达出来的意义，用文字表达出来要求研究者将问题思考得更清楚，文字也更有利于交流，从而让指导者发挥更好的作用。

正式研究的设计中有很多需要关注的内容，如：研究背景、目的与意义、核心概念的界定、文献综述、研究内容、研究方法、预期成果等等。但在这诸多内容中，对于以促进教师专业发展为主要目的的研究活动来说，如下几项内容最为关键：明确研究内容即知道要研究什么，选择合适的研究方法即知道怎么研究，勾画预期成果即知道最终要产出什么。这几项内容还具有统领性。比如，在确定研究内容时就要追问自己为什么要研究某一内容，这实质上就是在分析研究背景和研究目的，也需要查阅文献。由此，我们需要将上述三方面的内容作为组织和指导教师研究的重点，此外，在研究过程中还要考虑如何更充分地发挥人的作用，包括研究者个人的反思、所在团队的合作，以及专家资源的利用。

明确研究内容

开展初中数学教学研究的主要目的是获得让初中数学教学得以有效展开的方法或规律，围绕着这一目的，可以研究的内容即问题很多，如："有效性"必定是针对特定目标的，对此探讨就会引发课程目标问题、数学教育哲学问题、数学内容及其认识视角问题等，还会产生一些特殊能力问题，如探究能力问题、自学能力问题等；关于影响教学目标实现过程的学生学习问题、教学方法问题、教师问题；关于如何确认目标是否达到的评价与考试问题；等等。

如何确定研究内容即提出有研究价值的问题？本质上，问题来自对自己所从事的工作中已经发生或者正在发生的事的反思，或来自对即将发生的事的憧憬，对一些事的反思和憧憬会引发我们对人的行为与观念、事的过程和意义等进行了解的愿望，研究的问题就蕴含其中。

一、关注身边现象

既然问题从现象中来，对身边现象的关注就成为我们确定研究问题的基础。可是，我们在数学教学工作中，会接触许多人、遇到许多事，到底什么样的人和事是蕴含着问题的现象呢？关键在于研究者自己的主观能动性。

我们先来看一个案例。

| 案例 1 |

为什么学生不看书就做题？

"同底数幂的乘法"一课，一位老师发放了学案，他让学生先阅读教科书，再做学案中的探究题，但是全班同学几乎没有人按照老师的要求先看书再做学案，而是都直接打开学案做探究题。

课后的研讨中，没有一位老师谈及这一现象，笔者问上课和听课的老师们："你们有没有注意到学生们都没有按照老师的要求先看书再做学案，而是都直接做学案中的题？"老师们都表示"看见了"，接下来又解释道："学生都这样，不爱看书。"

笔者又问："学生做得怎样呢？"

老师们说："还可以，错的不多。"

笔者追问："为什么学生不看书也会做这些题呢？"

老师们说："因为这些题简单，利用过去的经验就能做。"

笔者继续追问："那初中数学中还有哪些知识也具有这种简单、相关，学生不看书、教师不讲，学生也会做的题呢？——不要急于回答我，把这作为课题研究吧。"

类似的案例非常多，处于同一课堂的不同的人捕捉到的故事有很大差距,一些教师对常见现象的自以为是的解释是研究的壁垒。

实际上,现象可以被所有人看见,但不一定能够引起注意。对于没注意的人来说,虽然一个现象与其打过照面,他却也没看见,可能看见了也印象不深,事后别人提起才能想起。另外,即使现象引起注意,如果一个教师自认为经验丰富、对这种现象的出现习以为常,那么也不会从现象中发现问题,研究也不会开始。

现象被人注意的原因很复杂,可能是这个人一直以来就对这个现象感兴趣,可能是以前遇到过类似的现象,也可能与刚刚思考过的某个问题存在契合,还可能是充分的理论准备。

从现象中发现问题需要人的好奇心和上进心。好奇心意味着一个人不认为自己对世界的认知有了全部把握,一些习以为常的事件的发生可能还会有自己不知道的原因;上进心则意味着一个人总想把事情做得更完美,因而能够敏锐捕捉到自己的不足并谋求改进。

根本上,想从现象中发现需要研究的问题,在于这个现象中呈现出了与研究者自身的假设不一致的东西,或者在研究者看来,这个现象可能存在着与自己的观念不一致的东西,对现象的进一步探究就是确认这些与自己的观念不一致的东西是否存在,如果存在,原因为何。有的人可能说,我做事就是做事,没有什么观念啊。其实不然,任何人的行为都是受一些潜藏的甚至自己都不能觉察的观念驱动的,一个人的行为都是这些观念的外在反应,比如下面的例子:

| 案例2 |

为什么学生反复出错?

紧张、忙碌的期中考试终于结束了,学生们都放松下来,我也很想放松放松,脑子里却总是对一道题疑惑不解,就是期中考试的一道不等式应用题,原题如下:

某高速公路工地实施爆破，操作人员点燃导火线后，要在炸药爆炸前跑到420米以外（含420米）的安全区域。若导火线的燃烧速度是1.5厘米/秒，人跑步的速度是6米/秒，导火线至少需要多长？

这道题是课本上的一道题，仅仅把数改了一下，留过作业，批完作业发现有两个问题：一是把人跑到安全区域的所需时间与导火线的燃烧时间的大小关系正好写反了，二是将长度单位统一以后再计算，画蛇添足。针对上述情况，我进行了详细讲评，自认为讲得很清楚了，当时学生们也表示确实明白了，可是期中考试还是有很多同学在这道题上出错，包括一名成绩114分的同学，也是错在这道题上，这是否足以说明此题够难？我反复地想，课后学生也都改了错，《同步练习册》（红本）第42页第7题也是同类型题，也做过，为什么还是出错呢？按理说，书上和练习册上留过两次且老师又讲过的题，应该是有充足的时间去思考的，这是否也说明有些人存在为交作业而交作业的应付心理？这里面是否有学习态度和学习习惯问题？

在学生出错后采取的措施就是"详细讲评""多次练习类似的题"，还不奏效则将其归因于"学生写作业的应付心理""学习态度和学习习惯问题"，分析这些措施和归因背后的观念，就是"只要学生认真听老师讲、认真完成老师的练习，就一定能学会"，教师的措施和归因实质就是这一观念的逆否命题，两者的真假性相同。但是，教育心理学的理论研究和很多教师的实践都表明，学生的学习过程是复杂的，教师无论讲解得多么清楚，也不能保证全体学生都马上理解，而出错实际上是学生内在观念的外在反应，如果教师能够利用学生的错误，引导学生自我反省，发现观念冲突，实现自我否定，学习就真正发生了。

笛卡儿强调"怀疑一切"，实际上，任何知识都产生于对已有观念的怀疑，这就要求我们省察自己的观念，不要认为一切都理所应当，而是秉持彻底的反思和批判的态度，才可能变现象为问题，发现或者理解更可靠的数学教学规律。

二、确定研究问题

从同一个现象出发，可能会提出不同的问题。如果我们不能理解"学生的数学作业完成情况不理想"的现象，可以提出一些群体性问题，如：本班学生数学作业完成情况不理想的类型有哪些？原因是什么？还可以提出个案研究问题：某学生最近一周的作业完成情况如何？他是怎样完成数学作业的？他完成作业平均需要多长时间？是否需要他人帮助？等等。对群体性问题的研究可以帮助我们了解事物的整体规律和趋势，针对群体给出建议和对策。个案虽然不能代表整体情况，但可以为我们提供一些新的认识事物的方式，有时也会让我们有意想不到的收获。

与初中数学教学有关的研究问题应该是初中数学教学实践界甚至学术界尚有疑问、教师自己也确实希望探讨的"有意义的问题"，这里的意义首先是实际意义，是教师真正关心、确有疑问、希望通过研究获得一个答案的问题。

对于大多数初中数学教师来说，研究问题与自己的日常工作紧密相关，例如，为什么自己精心设计的一节课，学生却并不感兴趣？为什么学生仍然找不到等量关系？函数概念的形成过程是怎样的？这样的问题与教师日常的工作紧密相关，通过研究获得的答案会直接对教师的工作产生影响。

教师也可以开展一些较为中观甚至宏观的学术前沿问题的研究，例如在数学课程改革中，经常出现一些新的理念、新的概念或者新的能力要求，例如基本活动经验、核心素养、数学阅读能力等，但是这些概念自身的内涵并不像数学概念那样有非常清晰的界定，一些界定在学术界也尚存争议，缺乏有解释力的案例支持，因此需要教师特别是一些骨干教师自下而上地重新建构，并且通过教学实践进一步解读。因此，以这些新的理念、概念、能力要求为对象的研究问题就会产生。无论教师确定的研究问题是针对日常工作中具体的人和事，还是针对一些宏观的教育理念，教师的研究最好与自己的日常工作紧密结合。

有的研究问题自身就带着教师假设的色彩，但是当开展研究时可能会发现通常与教师最初的假设不同，这时就可能需要修改研究问题。例如：一位教师发现自己任教班级的学生某次考试中的一道几何题出错率很高，就设计了一节课教学生怎样找全这类题的等量关系。但是，她通过研究发现，这样做效果并不好，通过对一位学生的观察和访谈，她发现学生的问题不是找不全等量关系，而是不能从繁多的等量关系中筛出有用的关系，于是她研究的问题从"怎样找全等量关系"变为"怎样解决结构不良问题"。

三、准确表述问题

确定问题后，还要对问题进行准确表述、清晰界定。

首先要对其中的关键概念进行界定，如果关键概念的定义不清晰，界定过于宽泛，就会导致所研究的问题成为一个"什么都能往里装的筐"，不可能得到一个有意义的结果。例如，一位以"学生数学阅读理解能力提升"为研究问题的教师，在论证自己的研究的意义时，将"学生读不懂说明书，读不懂股市图"等都归因为阅读能力差，这就是对于数学阅读能力界定不清，随意放大数学阅读能力的功能。实际上，"阅读是阅读者通过自身已有的知识和书面语言所呈现的信息以及阅读情境进行互动，从而建构意义的过程"。因此，并非面对文本的任务不能完成就是由于阅读能力差。学生不能完成意义建构，"读不懂说明书，读不懂股市图"可能是由于其自身已有知识存在问题，例如不理解说明书中的某个词的含义，或者其自身对函数图象知识的理解有问题，等等。举个典型的例子，绝大多数人读不懂《相对论》不是由于其阅读能力不足，而是由于自身的知识储备不够。

还要对研究边界进行界定。研究边界澄清了问题本身的范围，例如有的教师做"初中数学教学有效性研究"，这个研究范围就太模糊了，实际上，任何有效性都是针对特定目标的，是针对学生知识与技能掌握的教学有效性，还是针对学生学会思考的教学有效性，抑或是针对学生数学学习兴趣的教学有效性？尽管在数学教学中三维目标不能分割，但是过泛的有效性探讨就会使得研究失去重点，说明这位教师对自己究竟要探讨什么问题还不清楚。另外，一些教师开展的研究主要是根据本校学生和教学的情况进行的，也需要加以说明。例如一所学校的教师研究"初中生数学阅读能力提升策略"，显然，他们的研究对象是本校学生，因此需要限定为"××学校初中生数学阅读能力提升策略问题研究"。如果觉得研究题目显得冗长或琐碎，可以去掉"××学校"，但是在问题的说明部分需要明确指出，这里所说的"初中生"仅指"××学校的初中生"。

在界定好研究问题后，还需要列出该问题的核心部分以及下属子问题，例如"××学校初中生数学阅读能力提升策略研究"，其子问题可以是：该校初中生的数学阅读能力的现状如何？他们在数学阅读中遇到的主要困难是什么？提升数学阅读能力的常用策略有哪些？哪些策略对于该校的学生来说是有效的？

有针对性地选择研究方法

研究方法对于研究非常重要，只有方法合适了，得到的结论才有意义。教育研究中的方法非常多，比如：文献法、调查法、访谈法、案例研究法、实验法、质的研究法、校本研究法、行动研究法、叙事研究法等等。需要注意的是，这些方法在方法论中分属于不同的层级，有的属于指导研究的思想体系，有的属于研究程序，有的属于具体的操作方法，还有的同时兼具各个层级的属性。

这里我们主要对指导思想层面的几种常用研究方法进行梳理，辨析一些常用的研究方法，探讨运用这些研究方法时需要注意的问题。

一、校本研究与行动研究

校本研究和行动研究是近年来比较流行的两种研究方法，但它们根本上是研究的指导思想。前者的出发点是倡导教师要以自己遇到的真实问题作为研究课题，后者则着眼于缩短实践者与研究者之间的距离，提倡将研究整合到教育情境中，使得理论能够在改进教学实践中产生直接和即时的作用。

教师在日常数学教学中，经常会遇到一些具体的教学问题，这些问题有的凭借自己的经验就能一次性地解决。总体上，经验丰富的教师能够凭借经验应对教学中的大多数问题。

但也有些问题教师原以为凭借经验能解决，却事与愿违。比如，一位教师为了激励一位原本成绩很差的学生，每次看到他的一点儿进步就大肆表扬，但是有一天，这位同学在校园里拦住老师，恳求说："老师，等什么时候我分数上90了，您再表扬我行吗？"这就超出了老师的经验，当然老师可以按照这位学生的要求，等他90分以上再进行表扬，但是如果中间不把握其他的激励时机、采用多种手段，这个学生可能根本等不来得90分这一天，因此"怎样才能有效激励学生"就成了这位老师需要研究的问题。

一位老师的经验无论多么丰富，都会遇到一些凭借自己的经验不能一次性解决的问题，这时候就需要教师通过请教他人、阅读专业书籍等方式借鉴理论或者别人的经验。这样的问题解决过程就具有了研究性、探索性，校本研究就开始了，教师的研究行动也就开始了。

显然校本研究和行动研究之间存在着紧密的联系。行动研究的课题可能是来自学校的真实问题，属于校本研究的范畴，而校本研究的开展通常也遵循行动研究的路线，即结合具体的教育情境，研究者的研究与行动融为一体。

在校本研究、行动研究的具体操作环节，会用到许多具体的研究手段，如用访谈、调查等方法收集资料，用文献法建构理论，用案例来表达观点，通过叙事呈现过程；要比较两种教学方法哪种效果更好，则应该采用对比实验法，这个过程中还需要用到控制变量法、统计法、访谈法等。

特别需要提醒读者注意的是：校本研究和行动研究最基本的价值取向是重视对来自教师身边的问题、教学改进的研究，但并不意味着校本研究和行动研究只是本校教师甚至教师个人的"闭门造车"。实际上，长期处于封闭状态的教师或者教师群体，往往不是不想改变，而是没有意识到自己的特点或者问题，不知道该坚持什么或者改变什么。因此，与外界的对话非常必要。外来者的作用也许不在于告诉教师怎么做，而是作为旁观者，通过不断质疑、追问而激活教师的思想追求，并促进教师新的思维方式、工作方式乃至生活方式的形成。因此，开展校本教研活动或行动研究，需要有意识地与外界开展交流合作与对话，至少应该开展理论的学习。

二、质的研究与量的研究

质的研究与量的研究对应，它们都属于研究过程中采集证据的方法，有时候在同一个研究课题中经常会同时使用，但这两种方法形成的基本思路不同。

量的研究以"万物皆数"为基本指导思想，通过对事物可以量化的部分进行测量和分析，从而证实或者发现一些普遍性的情况；而质的研究则是另外一种认识观，人们认识到了教育问题的复杂性，研究者和被研究者

（学生或教师）之间的关系是主观的、相互作用的关系，研究者对被研究者的了解和认识是通过复杂情境中的交往而主观建构起来的。因此，研究追求的是对被研究者的个人经验做解释性理解，从被研究者的角度理解他们的行为及其意义。

可以看出，量的研究与质的研究所关注的焦点不同，前者关注普遍规律的获得，后者强调的是个性化、解释性理解，两种方法的适用范围不同，在初中数学教学研究中也经常会同时使用。例如对于学生为什么解决文字应用题有困难这一问题，通过测试，从文字量、情境特征等各方面进行量化研究，但是为什么文字量会成为学生的难点？学生到底被问题中的哪个要素给困住了？这就可能有个性化的原因了，需要通过质的研究寻求解释性理解，而开展质的研究的过程中，需要通过访谈、观察等方法获得详实、深入的信息。

量的研究与质的研究关注的焦点不同使得两者在开展中所用的技术手段有所不同。例如，测试法常用于量的研究，而访谈法常用于质的研究，要想用于量的研究就需要对访谈材料进行编码；量的研究成果的成文表现为抽象、概括的特点，而质的研究成果成文会具有叙事、描述、案例等特点。

三、叙事研究与案例研究

叙事研究和案例研究的成果都表现出"讲故事"的特点，两者都属于实证研究方法，都强调以真实的情境中发生的故事作为研究对象。

叙事研究属于质的研究的一种形式，其最突出的特点是强调来龙去脉、强调研究者呈现自己思考和行动的过程，在这样的研究中，研究者本人叙述自己研究的过程中所发生的一系列教育事件，包括：研究的问题是怎么提出来的，这个问题提出来后自己是如何想方设法解决问题的，设计好问题方案后在具体的解决问题的过程中又遇到了什么障碍、采取了哪些策略，问题是否真的解决了，等等。对于"教育叙事"与"教育叙事研究"的关系，不同的学者有不同的观点。比如，王枬（2006）[①] 认为，"教育叙事"与"教育叙事研究"不能简单画等号，由叙事到研究还需要一个提升或升华的过程；而刘良华（2007）[②] 则认为，任何一个叙事作品都经过了研究者的深思熟虑和探索研究，教育叙事研究并不排斥纯粹的故事，教育叙事研究既可以讲述故事，不对故事做评论或解释，也可以对自己或他人讲述的故事做评论或者解释。笔者的观点是：一位研究者无论是教师，还是理论工作者，如果能够将过程想清楚、说清楚，就不可能没有理论和升华的成分。

案例研究法重在"解剖麻雀"，即通过对具体个体、事件等的全面的研究，来取得对一般性的状况或普遍经验的认识。[③] 一个叙事研究中的故事可能就是一个案例，而案例研究中也可能选用多个案例，例如一组共同支撑某个观点的故事。初中数学教学研究中的案例的内容非常丰富，可以是某节课的设计过程、某节课上的一个片段、某个学生或发生在他身上的一件事等等。

预期成果的设计

在研究之初就设计好预期成果，是研究者"以终为始"思维的体现，也是从一开始就确定研究目标的体现，能够让研究过程更自觉。对预期成果进行设计会直接对研究过程产生影响，例如：如果希望预期成果是学生数学阅读能力的提升，那么研究过程中就需要搜集标志学生阅读能力发生

[①] 王枬. 教育叙事研究的兴起、推广及争辩 [J]. 教育研究，2006（10）：13-17.
[②] 刘良华. 教育叙事研究：是什么与怎么做 [J]. 教育研究，2007（7）：84-88.
[③] 王金红. 案例研究法及其相关学术规范 [J]. 同济大学学报（社会科学版），2007（3）：87-95.

变化的证据；如果预期成果是找到提高学生数学阅读能力的教学策略，在研究中就不仅要搜集标志学生阅读能力发生变化的证据，还要呈现使得学生阅读能力发生关键变化的教学策略。

许多老师在研究开题报告中将预期成果写为案例、论文、研究报告等，但这只是预期成果的形式，对于预期成果的设计还要考虑甚至是重点考虑预期成果的内容。

预期成果的内容与研究目的和研究问题紧密相关，本质上就是对确定的研究问题的回答，这种回答通常从成果上可分为实践成果和理论成果两类。当然，许多研究所产生的成果两者兼具，且两者之间存在着互为支撑的关系。

实践成果指向的是实践问题和实用目的，是对"实践中的某种任务是否完成"这类问题的回答，如：学生的学业成绩是否提高，学生课堂回答问题的数量和质量是否提高，符合本校学生的数学实践活动资源是否被开发出来，等等。

对初中数学教学研究来说，实践成果的内容可以从初中数学教学过程所涉及的各个方面进行设计，包括学生的变化、教师的变化、多媒体课件、教学资源、教学设计案例等，指向实践成果的研究过程就需要留意变化发生的证据、具有特殊功能的教学设计确实具有相应功能的证据。

理论成果指向的是理论问题和理论目的，带来的是对初中数学教育教学的规律性认识，这类成果为本人和本校教师甚至本研究领域的知识增长做出了贡献，也会为教育教学有效性的持续获得做贡献。

作为一线教师，特别要关注自己教学实践过程中的"小发现"或者"微创新"及其取得的效果，例如，有的教师从自己的经验中总结出的"××教学模式""学生提出问题能力的培养策略"等都属于理论成果。实际上，如果研究者在具体实践问题解决后，能够提炼概括一下导致这些实践问题得以解决的必然性、普适性因素，理论成果也就形成了；如果通过文献检索发现，自己发现的这些必然性普适性因素，别人还没有发现过，那么就是为数学教育领域贡献了新知识。

研究中的反思、合作与专家引领

无论采用何种研究路径、选择何种技术路线，教学研究的有效性根本上都取决于具体的人的作用的发挥，取决于具体人的思维能力、毅力、团队合作能力和资源运用能力。因此，开展数学教学研究设计时还需要考虑如何让人更好地发挥作用，这里的"人"，既包括研究者自己，也包括研究者所在团队，而在名师工作室的背景下，专家资源作用的发挥也应在考量范围内。

一、教师反思

反思会贯穿于任何一个有效的研究过程的始终，无论问题的提出，还是研究过程中的自我监控，抑或是对研究结果的整理，个人的反思都将起到重要作用。

如前所述，教学研究的问题提出通常来自教师的反思，比如，在"学生恳求教师在自己得到 90 分以上再表扬"的案例中，如果教师在学生恳求后只是按照学生的要求去做，那他的研究并不能开始，唯有反思才能让他对自己经验背后的观念到底是什么进行深究，也会对学生要求自己考 90 分后再表扬的原因进行深究，这种深究才会带来研究。

有了反思，教师的一些成功经验也会成为研究的起点。比如，一位老师在"不等式的基本性质"一课中，先问学生："上节课我们学了不等式的概念、不等式的解，你们觉得接下来该学什么了？"原以为学生会说

"不等式的基本性质",没想到的是,大多数学生回答"解不等式"。教师灵机一动,马上说:"你们自己会解不等式吗?试一试。"在学生解不等式后,追问学生"为什么这样解不等式""为什么可以这样解不等式",从这些问题的探讨中得到不等式的基本性质,她发现这节课教学很畅快,学生无论是解不等式,还是梳理不等式的基本性质都能够自主完成。课后,她开始反思:这个内容的什么特点使得学生不学不等式的基本性质就会解不等式?还有哪些教学内容有这样的特点呢?这种反思使得她在以后的教学中逐渐形成了自己关于教学的系统方法。

有的教师阅读一些书籍、聆听一些报告或者课题宣讲会后,也会生发对自己的教学经验的反思,从而开展一些理论引导下的研究。例如,笔者阅读一本书时,看到了"畅态"这一概念,这一概念所刻画的状态让笔者联想起了许多人、许多事,于是围绕这一概念开展了更多的学习,并开展了有关这一概念的实践研究。

二、团队合作

每位教师都生活在一个群体中,学校既有教研组,又有年级组,同事价值取向有异,思维方法有异,行动方式有异,这些差异是开展研究的宝贵资源,而教学研究中的合作也会有多种功能。

合作有利于"发现自己"。每个人都有盲点,自己的优点和缺点很难自查,而通过合作,比如同事之间的彼此听课,会发现自己异于他人的一些习惯、处理问题的方法,当自己的特点被发现时,人们会更容易对自己为什么会有这样的特点进行反思。

解决问题的新方法也经常产生于合作。比如,一位老师在"二元一次方程组"的教学中,想设计一个与学生的生活紧密相关的情境,找了几个都不满意,在和同组的老师交流时,一位担任班主任的老师说:"期中考试刚考完,每个班都会发奖,你不妨利用这个情境编一道题。"这位老师马上找到自己任教班的班主任，了解到他们班要发的奖品是笔和本，于是利用这些素材编了一个大题，果然学生对此非常感兴趣，下课后还跑去问班主任是否真要发奖。

合作还有利于研究者产生心理上的安全感。实际上，任何研究和尝试都是有风险的，一些教师之所以不愿意改变，一方面是由于不愿意付出，另一方面是担心新方法还不如老方法，而合作则会让研究者获得同伴的支持，更为缜密的方案也会降低探索的风险。

三、专家引领

任何形式的研究中，研究者都需要借助他人的经验，这个"他人"，大多数情况下是自己的同伴或同行，但是同处一个环境、工作性质相同的人经常会有共同的"盲点"，因此，就需要"专家"的介入。"专家"是指掌握了专门知识的人，既包括从事理论研究的人，也包括所在学校、地区的专家型教师，而广义的"专家"还包括专业书籍，书籍是大量前人经验的总结，一定会比单纯靠自己摸索更有效。

一些学者认为需要淡化作为人的"专家"的权威性在研究中的作用，强调在研究过程中人和人的平等。本书选择"专家引领"，并非要突出专家高人一等，而是强调在研究的过程中，与互助的同伴相比，专家的工作环境、工作性质的不同，导致其价值取向、思维特点和专业知识与研究者自身所在环境中的同伴具有一些质的不同，从而能赋予教师一些自己未曾觉察到的意义。工作室中的老师们经常说"顿老师好像比我们自己更了解自己"，本质上就是这个道理。

即使是在教学实践中，专家视角也会带来许多不同的视角，从而对研究产生影响。比如，笔者在一次听课时，看到一位老师出示了这样一个问题：

已知 $\begin{cases} x>2, \\ x>a \end{cases}$ 的解集是 $x>2$，求 a 的取值范围。

听课时，笔者观察到学生普遍遇到了困难，课堂气氛沉闷，教师点名回答问题的学生用很小的声音说"不会"，课上得非常艰难。课下讨论时，笔者觉得这个问题过于抽象晦涩，难度太大，完全引不起学生的兴趣，于是提了一条修改建议："教师先写一个不等式 $x>2$，然后请学生再写出一个不等式，使得由这两个不等式构成的不等式组的解为 $x>2$，相信学生会写出许多不同的答案，然后再问：你们写出的这些不同答案有什么共同特点吗？这就变为老师要讨论的问题了。"老师们对这一建议感到很新奇，他们说：从没见过这样的设计，从没这样想过问题。笔者的分析是：教师们更多关注的是需要落实的知识，而笔者作为数学教育的研究者，更加关注知识学习过程中的人。因此，首先要关注作为学习者的学生的自主性、胜任感和归属感的培养，而上面修改后的问题起点低、答案开放，会让学生产生自主性、胜任感，当自己的答案得到老师和同学的肯定时，学生会产生归属感。

在研究中，有许多专家资源可以利用，比如：本校、本地区的名师，这些教师之所以成为名师，很重要的原因在于他们有很独特的思维，他们对教学的处理和思考也经常会给人以启发；高校教师、科研院所的研究人员，可以积极争取参加一些课题研究和培训项目，将这些课题或者项目与自己学校的现实问题结合起来，在完成任务的过程中，将有机会在专业研究工作者的引领下对数学教育中的一些问题有系统深入的思考，一些新理论会不断开阔视野；以书籍为师，遇到问题，要有查阅期刊、书籍的意识，这些文献中的理论一旦与自己的实践相遇通常会变得分外亲切。

第二部分

初中数学名师们的思与行

工作室组织的活动类型很多，包括参加专家讲座、观摩名师课堂，也包括撰写读书报告、外出参加学术会议，还包括学员讲坛、专题研究、研究课、展示课、成果指导等，而对各种形式的活动形成统摄作用的则是"研究"，即将各种信息整合到自己关心的问题解决过程中，为自己更为清晰地认识自己的教学特色、形成教学主张服务，为自己的教学改进、某个专题的研究服务。

　　本部分将工作室老师们形成的成果按照四部分整理：教学主张、专业作品、专题研究、专业学习。这些成果大致代表了工作室老师们的关注点、特色和学习过程。

第三章

教 学 主 张

　　推动优秀教师对自己的教学主张进行提炼，并不是认为优秀教师一定是或一定能成为教育家甚至思想家，而是认为优秀教师一定具有"行动中的思考者"特性，而非机械地执行各种规范和要求。余文森教授认为，一个教师如果缺乏自己的教学主张，其在专业上将是"一个无'家'可归的'流浪汉'"。把自己有关"影响行动的稳定"的思想以教学主张的方式表达出来，不仅有利于形成专业上的自我认知、教育自觉，还能引发教师的持续探究，更能为自己的灵魂找到一个精神家园。

　　诚如人格心理学家阿德勒所说，"人类最难做到的事情就是认识自己，改变自己"，教学主张的提炼和书写就是认识自己并用结构化的方式表达出来的过程，这一本质决定了做这件事是极其困难的。鉴于此，我们名师工作室采用了访谈整理法。通过导师对教师进行访谈，让教师口述自己的教学特点，然后导师对口述资料进行结构化整理，整理的过程中再根据需要对一些问题进行阐释，并通过特别补充案例更清晰和准确地表达观点，最后形成了三位教师的"教学主张"。

教"有趣"和"有用"的数学

孙宝英

记得上大学时就有同学问老师:"学数学到底有什么用?"当时老师的回答颇耐人寻味,他说:"好好学,四年后自然知晓。"说实话,当时听到老师的回答我内心充满疑惑:老师不会忽悠我们吧?他是不是也不知道该怎么回答我们呢?我就是带着这样的疑惑,带着好奇和期待度过了大学数学系四年的生活。四年很快过去了,不知不觉的,数学学习在自己身上的印记越来越明显,正如一些其他学科同事的观察:数学教师在面临问题时更理性,思考问题更全面,制订计划更周密,处理问题更得心应手。我才意识到:我原来所说的"用",指的是具体数学知识的用处,是只把数学知识当作数学。实际上,学习数学,并不是以懂得多少数学定理和公式为目标,更重要的是培养在解决数学问题时所需要的思维,掌握了数学思维方法,将为一个人勇敢面对高度不确定的未来奠定基础。这才是数学学科的独有价值。

当我来到了中学的讲台,成为一名光荣的人民教师后,我在想:在我的数学学习历程中,老师是让我自己感悟"数学之用"的,在学习的过程中,老师从未有意识地让我们看到"数学之用"。支配我学习的动力,主要是出于对未来职业需要的预估和成年人的自律。但是,对于初中生而言,他们未来可能鲜有人从事数学工作,也难以自律。因此,我的数学教学必须要让学生感受到数学是有用的,数学学习是有趣的。要让学生一开始就清楚"我们为什么要学习数学"。这样的经历和思考也许是我逐渐形成的所谓"教学主张"的基础:教"有用"和"有趣"的数学。同时也潜移默化地让我在数学教学中的情境创设、教学的组织方式、内容的挖掘等多个方面努力揭示数学的有趣和有用。

数学小品剧增趣味

很多学生刚入初中,就表现出对数学的畏惧,从而成为数学课堂上的沉默者。但我观察发现,这些孩子在课下却表现得活泼好动,他们在遇到跟自己生活相关的问题,特别是有趣的问题时,能够表现出非常浓厚的兴趣,并给予较高的关注度。

为了让学生课下的兴趣能够迁移到课堂上,我设计了一些"趣味数学课",这些课多以有趣的数学问题为载体。上课时,学生通过角色扮演来展示问题的背景,全体学生参与到问题的分析、解决中。几次课下来,学生学习数学的热情被激发出来,更加切实地感受到数学的应用性和趣味性。

下面与大家分享几个教学案例。

| 案例 1 |

买葱问题

教师先给学生出示一组连环画:

① 星期天,小明跟妈妈来到菜市场。市场上有辣椒、茄子、白菜、大葱……琳琅满目。

② 妈妈看好了一份大葱,1 元钱 1 千克,便随口说:"这份大葱好是好,就是叶子多了。"

③ 这时正好有一位叔叔走过来对妈妈说:"这样吧大姐,你不愿要葱叶正好,我只要葱叶,葱白你买,怎么样?"

④小明急忙凑上去高兴地说:"这太好了,妈妈只要葱白,6角钱1千克,这位叔叔只要葱叶,4角钱1千克,合起来还是1元钱买1千克大葱,谁都不吃亏!"

⑤谁知,小明刚说完,妈妈、这位叔叔还有那位卖葱的老板,都笑开了。你知道这是怎么回事吗?

这是生活中一个经典的趣味问题。为此,我还专门画了一捆大葱的水彩画,能更加直观地展现问题,为学生提供场景模型,帮助学生理解问题、降低难度。学生看到老师的画作也很是好奇和兴奋,就很自然地被吸引着解决问题了。

接下来,我请学生角色扮演,扮演爸爸的同学需要为小明解释大家为什么笑,在准备的过程中,学生需要确定问题中量的归属,正确分析问题中的数量关系。

| 案例 2 |

宋小宝吃面

这个问题教师没有给题干,而是直接播放视频《吃面》:

宋小宝去海参面馆吃面,点了一份海参炒面,发现价格比较贵,于是换了一碗便宜的汤面,吃完后宋小宝抹嘴便走。服务员拦住了他的去路:

服务员:汤面钱18元,请付钱。

宋小宝:汤面我是用炒面换的,给什么钱?

服务员:炒面钱你也没给啊!

宋小宝：炒面我也没吃给什么钱？

请问宋小宝应不应该付钱，为什么？

视频播放后，学生的情绪极其高涨，一时之间沉浸在宋小宝因为一碗面的归属问题而导致的错误逻辑之中，不由自主地探寻问题的产生原因以及正确的解决办法。我趁机引导学生从整个故事中抽象概括出数学问题，分析量的归属，逐步找出破绽，发现问题所在并给予合理的解释。学生观看视频片段，思考、交流，解答问题并反思小结。这个问题的解决掀起了本节课的第一个高潮。

| 案例 3 |

卖鞋问题

这个问题情境源于班里的学生小陈在学校组织的义卖活动中参与废旧物品交易的事：小陈让妈妈帮忙进了一批沙滩拖鞋，结果在售卖的过程中闹出了一些笑话。我指导小陈对自己经历的这件事的相关数据进行了修改以简化计算，形成了下面的问题：

小王开了家鞋店，一只鞋的进货价是45元，后来甩卖30元/双，顾客买一双鞋，给了一张100元的钞票，小王没零钱，于是找邻铺换了100元。事后邻铺发现钱是假的，小王又赔了邻铺100元。请问小王一共亏了多少元？

在课堂上，小陈同学和她的组员一起模拟表演，再现了当时的情景，有人扮演顾客，有人扮演鞋店老板，还有人扮演邻铺店主，顾客讨价还价，鞋店老板精打细算。学生们在观看自己的同学表演的小品的过程中了解了什么是"进货价"，什么是"售价"和"标价"，什么是"折扣"，什么是"盈利"和"亏损"，怎样计算"利润"和"利润率"，怎样计算"总利润"等。最后，学生们通过讨论和交流，很快就理清了整个过程，分析出问题的关键在于小王赔的钱就是顾客骗得的总价值，跟小王与邻铺换没换钱没关系。找到了主要矛盾，问题就得以成功解决。之后，我引导同学们对解决问题的方法、程序和得到的结论中蕴含的普适性、一般性的内容加以总结、提炼，形成知识。数学知识产生于它的应用过程，数学思维也在这一过程中得以形成和发展。

| 案例 4 |

住宿问题

学校开展"诚信主题教育"活动时，我们数学课正在学习应用题。班上的小韩同学将自己在网上看到的这样一个问题提出来请同学们研究：

一天晚上，有3个人去住旅馆，30元一晚。三个人刚好每人掏了10元凑够30元交给了老板。后来老板说今天搞活动，优惠到25元，拿出5元命令服务生退还给他们三人。服务生偷偷藏起了2元，把剩下的3元钱分给了他们三个人，每人分到1元。那么，刚才每人掏了10元，现在又退回1元，也就是9元。每人只花了9元钱，3个人每人9元就是27元，再加上服务生藏起的2元就是29元，还有1元钱去了哪里？

小韩提出这个问题是为了说明"学不好数学就无法识破骗子的伎俩"，虽然有点牵强，但是对于初一的孩子来说，能将数学问题联系到"诚信"问题着实不易。受"卖鞋问题"的启发，小韩也组织了本组的同学模拟再现了问题形成的整个过程，同学们兴致高涨，参与度高，思维活跃。

小品所呈现的问题有的是真实的，有的是杜撰的，但蕴含的数学过程是类似的。在小品的角色扮演和观看的过程中，学生们能够经历问题的形成和提出过程，感受数学问题是和自己的生活息息相关的。分析问题、解决问题，既调动了学生的积极性又为学生提供了生活经验，凸显了数学的趣味性和有用性。

综合实践促应用

数学课程改革的一个重要理念，就是强调数学的应用性，为此，新课标还专门设计了一个学习领域——综合实践，旨在推动学生将已经学习的数学知识应用到真实的世界中，这是非常直接的"数学之用"，与我希望带给学生的数学体验相同，因此我在这方面也做了一些探索。

在"解直角三角形"部分，教材上安排了测量旗杆高度和测量博雅塔高度这两道例题。备课时我想：这两个问题的主要意义在于，它们分别代表着应用解直角三角形的知识测量"底部可以到达"和"底部不可以到达"问题的方法，而具体测量对象则是可换的，不妨换成我校标志性建筑——红楼，让学生去实地测量，而不是纸上谈兵。由于校园内的协和湖的存在，使红楼的测量问题既可以是底部可及问题，又可以是底部不可及问题，这取决于学生的测量设计，于是这样一个测量问题就能够为两大类问题的探索提供载体，也让学生体会到：真实世界的问题的解决方法经常是灵活多样的。有了这种设想，我就设计了学生活动任务单，要求学生以小组为单位自行准备卷尺、制作测角仪，测量潞河中学红楼的高度。

接受这一任务后，各小组在组长的组织下，开始分工合作，制作测角仪、考察地形、设计方案、实地测量、处理数据、获得结果，并安排组员作为代表反馈交流。测量过程中，学生从数学的角度观察自己生活了三年的校园，为了让自己的报告更加饱满，还进一步了解了母校的历史、建筑，发现了更多校园的美景和深厚的文化底蕴，加深了对母校的热爱和身为潞河学子的自豪感。

数学综合实践活动带给学生的体验是深刻的。一个让我印象深刻的事实是，在学校开展的"学科融合"综合实践活动中，历史老师依托千年步道展示了中国历史，从秦始皇统一中国一直讲到2012年；地理老师借助"五河交汇"向学生介绍通州区五河的源头、运河的历史；化学、生物老师带着学生到大运河取水，回到实验室测水质、测微生物种群；我作为数学教师为学生布置了用尺子和三角板测量大运河宽度的任务。活动结束后的调研中，在孩子们评选本次"学科融合"活动中"感受最深"和"最喜爱"的活动时，数学位列第一。这样的结果在我的预料之外，也在我的意料之中。因为数学活动从策划到测量、计算的全过程学生都真正参与了，而非简单了解。我还清晰记得同学们利用所学的数学知识"计算"出运河的宽度数据时，那此起彼伏的欢呼之声，古老的运河在孩子们的映衬下也仿佛焕发出了新的生机！这一活动后来变成了我们学校的特色，是每届初二学生必须开展的一项传统活动，孩子们毕业多年回到母校仍旧对当年测量河宽的场景记忆犹新。

在数学综合实践活动中，除了得到一些问题的答案外，学生们还针对学校管理中存在的问题开展了自主研究。用数学思维先思考，再提出改进的方案。一些方案还被学校采纳，极大地增加了他们的自信心，也培养了社会责任感。比如，"校园草坪灌溉问题"的提出，是由于我们的校园面积相当大，每次学生上体育课都要经过湖边，周围的草坪只要赶上灌溉，定会淋学生一身水。针对这个问题，学生提出了建议。值得一提的是，开学初，学校真的依据学生提出的学校设施修缮建议对灌溉系统进行了改建，流动喷头改成了固定的可升降喷头，既可以调节灌溉的范围，减少了水源的浪费，也为师生们的出行提供了方便。这让学生很引以为豪，有很高的成就感。

再比如，"学校路灯设计的合理性研究"课题的提出，缘于初一的一个"熊"孩子和另一个孩子开玩笑，将其自行车藏到灌木丛里。由于天黑路灯照明效果不好始终没有找到，直到第二天早上自行车才被发现，其实就在存车处旁边。于是学生们提出了校园路灯照明改善的问题。让我感到意外的是，孩子们不但规划出了路灯的安放地点，而且给出了路灯的设计样式，然后提交给了学校总务处。总务处的领导采纳了孩子们的建议，并利用假期将校园里的路灯进行了相应的替换。开学后孩子们看到自己的研究为校园带来的变化，特别有成就感。

此外，学生们在互相影响下，还提出了很多问题并给出了合理化建议，比如：体育器材流动室建在哪儿能节约时间；校庆时安装的霓虹灯怎样设计才能节约用料；食堂窗口怎样设置开放时间和数量才能避免拥挤；等等。一些学生还将资源优化问题带到了其他场景，例如家庭生活中资源利用不合理的现象及可行的解决方案等。孩子们将习得的知识用于解决家庭中存在的问题，并通过问题的解决去影响家人，进一步扩大了数学的应用范围。

应用知识自主探究

诚如我自己在大学学习四年数学产生的体会：对数学用处的关注不仅仅停留在具体知识能够解决实际问题，还要看到数学学习对于人的思维和品质的影响，这种影响正如科朗所说："数学，作为人类思维的一种形式，代表着人们积极进取的意志，缜密周详的推理和对完美境界的追求"，基于对这种用处的揭示和思考，我在教学中努力为学生提供自主研究数学问题的空间。

比如"分式方程及其解法"一课中，由于"分式"和"方程"学生都已经学过，而解分式方程所用的原理——等式性质和运算性质，学生也在此前解一元一次方程、二元一次方程组时用过。因此，无论是分式方程的概念，还是分式方程的解法，如布鲁纳所说"不过是学生熟悉的题目的变形而已"。因此，学生都具有自主探究、建构的可能，以这种可能为基础开展的教学自然也会为学生学会提供可能。

师：同学们，今天开始我们学习分式方程。大家说说，咱们从哪里入手学习呢？

生（文中没有标号的"生"指学生的七嘴八舌，下同）：从会的入手；从有关系的知识入手！

师：你们的学习能力真强！看来通过分式运算的学习，如何入手研究新知识大家已经摸到"门"了！那就来说说吧：你们都会什么？会的哪些知识与解分式方程有关系？

生：会解一元一次方程，可以类比一元一次方程的解法；还会解二元一次方程组……还会解不等式呢……"分式方程"肯定跟"分式"和"方程"有关呗。

师：好！就按你们说的，咱们先来看看一元一次方程的解法（在黑板上写下）：

求解关于 x 的方程：$3(x-1)+2(x+1)=6$

（学生解方程并说明解题步骤、易错点，老师板书）

师：大家一元一次方程解的不错，给你们点赞！那你们猜猜，分式方程长什么样？

生1：有分母。

我随手在原题上添了两个数字分母：$\dfrac{3(x-1)}{2}+\dfrac{2(x+1)}{3}=6$

生2：有分式。

师：你来改！

生2上来添了几笔改为：$\dfrac{3(x-1)}{2x}+\dfrac{2(x+1)}{3x}=6$

生1：哦，应该是这个！

师：你俩意见统一啦？其他同学呢？

（其他同学纷纷表示赞同）一位平时上课老走神的调皮鬼S同学说：

哦，这就是分式计算题多了个等号啊！

师：你说的很好！从字面意思理解"分式方程"，肯定要含有"分式"的，那么"方程"又是"等式"，当然要含有等号了！我们现在就可以给分式方程下定义了！

生3：有等号的分式。（大家都笑了）

我：嗯，意思对了，再具体一些，语言再准确些！

生4：含有分式的方程。

生5：分母含有未知数的方程。

很多同学：对对对，这个好……同意……

师：看来"英雄所见略同"！（板书分式方程的定义，然后提问）

顿继安教授在《大概念统摄下的单元教学》报告中讲到：在教学中要重视知识的横向联系和纵向联系，重视这种联系对于学生自主探索、生成知识的作用。上面"分式方程概念"的教学过程也印证了这一点，接下来"分式方程的解法"则进一步说明：由于和一元一次方程的解法有着紧密的纵向联系和横向联系，所以学生自主探索分式方程的解法并非难事。

师：你会解 $\dfrac{3(x-1)}{2x}+\dfrac{2(x+1)}{3x}=6$ 这个方程吗？

生：先去分母！等号两边同时乘以 $6x$。

师：大家先自己做试试！

学生们很快顺利解出了。

师：根据同学们的解题过程，我们先归纳一下分式方程的解题步骤吧！

生：先去分母，其他不变（指着板书）。

师：分式方程怎么去分母？

生4：等号两边同时乘以最简公分母。

我赶紧板书在"步骤一：去分母"的后面，然后问：同学们还有别的解法吗？

短暂的安静后,有人说:通分。

师:特别棒!最简公分母是在什么时候用的啊?

生:通分用的;分式加减法用的。

师:那你还有别的解法吗?

S:老师,我就是先通分的!

师:那你赶紧说说吧!S同学会做分式加减法了,大家给他鼓鼓掌吧!

(S板书后,我带领大家把两种方法进行了对比,让同学们自己选择适合自己的方法)

师:先去分母或者先通分再去分母都是可以的。大家还有什么疑问吗?

生5:分母不为零还没考虑呢!

生1质疑:分母本来就不为零啊!

生2:这道题是不为零,不能保证其他的也不为零啊!

生3:分母为零没意义,方程就不对了!

师:先别争了!最后求出来的值有没有可能使分母为零这事,咱们还是让事实说话吧!

(出示题目:$\frac{x-8}{x-7}-\frac{1}{7-x}=8$,请同学用两种方法求解,先去分母的最后结果是 $x=7$,先通分的最后得到 $1=8$)

看到这两个结果,课堂瞬间沸腾了!

生1:老师,这个方程是错的!

生2:这个方程没有解!

生3:方程没有解,那 $x=7$ 是什么?

师:是啊! $x=7$ 是谁的解啊?

生:$x=7$ 是去了分母的那个方程的解!

师:说得好!$x=7$ 是分式方程 $\frac{x-8}{x-7}-\frac{1}{7-x}=8$ 去掉分母后的整式方程

$x-8+1=8(x-7)$ 的解，但它不是分式方程的解！那么原分式方程有没有解？或者说有没有一个 x 的值能使这个方程成立呢？

生：没有。

师：那这到底是怎么回事呢？是哪一步出了问题吗？

生1：去分母那步！

生2：第一步！

生3：哦，等号两边乘以0了！

生4：0乘以任何数都得0！

师：厉害啊，你们已经发现真相啦！分式方程去掉分母后，变成了整式方程，这时候未知数的值就没有什么约束了。但是，去掉分母后的方程的解可不可以作为原分式方程的解，我们需要慎重考虑，因为它很可能会使原分式方程中的某个分母等于0。所以呢？

生：要检验！

师：检验什么呢？

生1：等号成不成立！

生2：算的对不对！

生3：分母是不是等于0！

师：大家说的都对！只要检验是不是使得分母等于0就行了，那我们怎么才能把每一个分母都检验到呢？

生1：挨个代入！

生2：放入大括号，用"且"！

生3：代入公分母就行了！

生：对，代入公分母……

师：为什么要代入公分母呢？

生：公分母里包括所有的分母。

师：好的！谁能把咱们刚才的探究过程总结一下？

生：把去掉分母后的整式方程的解代入公分母，如果公分母不等于0，这个解就是分式方程的解；如果公分母等于0，这个解就不是分式方程的解了，原分式方程也就没有解了！

师：说得真是太好了，我都没什么补充的了！你们现在知道分式方程什么时候有解，什么时候无解了吧？

生1：分母等于0的时候就没有解了！

生2：分母等于0都没意义了，肯定没有解了啊！

师：所以，如果题目告诉你，这个分式方程无解，你知道隐含的意思是什么了吗？

生1：分母等于0。

生2：所有分母都可能等于0。

生3：公分母等于0就行了。

生：对，公分母等于0……

师：大家说的都对，公分母等于0意味着所有分母都可能等于0。因此方程中出现的分母都要考虑到。

这节课学生获得了充分自主思考、交流碰撞的机会，在每次提问后，我都鼓励学生大胆说出自己的想法，这样的课堂不仅气氛活跃，而且在交流中学生思维也是活跃的，孩子们的一些不成熟、不严谨的想法得以完善，他们在交流中相互启发，逐步了解分式方程的概念和分式方程的解法、步骤。老师主要从旁观察，提供更多的示例引发认知冲突，让真理越辩越明。学生动脑动口的机会多了，对知识的理解和掌握效果也就提高了。这节课的小测结果显示，全班44人，仅有2位同学选择先通分再去分母，全班没有一个同学忘记验根，另有3人检验的时候把代入后的最简公分母的值算了出来（其实不用算，只需要判断是否为0即可）。第二天课前又做了两道题检测，两个班共88人，共有3人忘了验根，只有1人用先通分再去分母的方法解分式方程。

结　语

我还不敢说"教有趣和有用的数学"是我的教学主张，但这是我的追求。我深知未来的路还很长，伴随着教学的不断改革和创新，必然还会出现各种各样的问题。但是，让学生感受数学的"有用"和"有趣"是我始终要坚持走下去的路。在路上与孩子们一起慢慢成长，慢慢学会用数学的眼睛观察世界、用数学的语言描述世界、用数学的思维思考世界。在路上他们会不知不觉地爱上数学，最终用数学去建设和改变这个世界，这就是我最大的期望！

参考文献

[1] 中华人民共和国教育部. 义务教育数学课程标准（2011年版）[M]. 北京：北京师范大学出版社，2012.

[2] 冯启磊，杨小丽，刘春艳，等. 基于知识形成过程的数学教学 [M]. 北京：高等教育出版社，2017.

[3] 郑毓信. 数学教育新论：走向专业成长 [M]. 北京：人民教育出版社，2011.

[4] 戴曙光. 数学，究竟怎么教 [M]. 上海：华东师范大学出版社，2016.

[5] 柯朗 R，罗宾 H. 什么是数学 [M]. 左平，张饴慈，译. 上海：复旦大学出版社，2005.

[6] 布鲁纳 J S. 布鲁纳教育论著选 [M]. 邵瑞珍，等译. 北京：人民教育出版社，2018.

[7] 顿继安，何彩霞. 大概念统摄下的单元教学设计 [J]. 基础教育课程，2019（18）.

[8] 顿继安，黄炜. 大概念统摄下的"二元一次方程组"单元教学研究 [J]. 基础教育课程，2019（18）.

给孩子空间

相慧芬

成长值得敬畏

特级教师谷丹老师在其著作中写过这样一段话,"我喜欢当老师,但我就怕听'人类灵魂的工程师'这个说法。在我看来,每一个孩子的心灵对人性慢慢觉悟的过程,是值得敬畏的,想起要当'工程师',总怕会画错了图纸,选错了工艺,碰伤了'灵魂'"。随着教育教学经验的丰富,我越来越对谷老师的话感同身受,通俗地讲,就是别耽误了孩子,别让原本具有很大成长性的东西,因为我们的引领不到位而消失,更不能引歪,孩子不比庄稼,今年没种好明年下田再种,每个孩子、每段青春时光都是唯一的,并且会对其一生产生重要影响。因此教师的责任重大,要努力不因自己的观念限制孩子的成长。

记得我教的海淀理工附中本部08届学生,当时的平均分属于海淀区的第一梯队,我整合了教学内容,用了两年半的时间就将所有内容讲完了,而且还加了高中的很多东西,到了初三第二学期,我就跟学校提出来:如果让学生以中考为目标、花半年时间准备中考,就是浪费这些孩子的时间,耽误了孩子,希望学校安排一位高中优秀教师直接带着孩子们学习高中的内容,学校同意了我的建议。这样做也是为了让孩子们获得更大的发展空间,我认为孩子们为中考提高那几分而花半年时间做题不值得,更不能因为耀眼的成绩能为自己职业生涯增色而限制孩子的发展。

知识的名称不是最重要的

比如同底数幂的几个法则,我的学生在一节课上就全部探究出来了。

这些年的教学让我有一个明确的认识，就是不知道有这些法则定理的名称没关系，重要的是理解原理，孩子在知道这些法则的名称前，就可以很好地用法则，也能解释为什么可以按照某种法则计算，而为了交流方便，学生自己先为法则起个名称，再看看书上的名字，发现差不多，都体现了运算对象和过程的特点，最后统一知识的名称也可以。

要给学生空间，不要用模式化的东西限制他们，比如说"有理数的减法"中，书上给的减法法则特别简单，将减去一个有理数转化为加上这个数的相反数，教学时，我就对学生说"我们也可以按加法法则的方式表达减法法则"，教学的重点不在于让学生按照哪种复杂的方式学习有理数的减法法则，而是锻炼学生的思维和表达，我不是那种上课一成不变的人，爱和学生一起来折腾，也经常看到学生带给我的惊喜，课堂充满不可预知，有了不可预知就有了很多期待。

学习二元一次方程组的解法，我不会将加减消元法和代入消元法分开教学，因为学生面对问题时需要自己选择，所以教学要以终为始，从一开始就让学生根据方程组的特点思考、选择。我会直接给学生一个二元一次方程组："现在是二元方程了，不会了。那么我们会什么？"学生说："会一元。""那你就努力把二元变为一元吧，你觉得有什么办法可以用就试试，能达到你的目的，并且合理就行。"学生都能想出来加减消元法和代入消元法，还经常产生许多其他的想法。数学中有许多思想方法，需要在具体的每节课、每个问题的解决中让学生实践、体会，比如这里的化归，重在实践，而不是教这些名词。诚如布鲁纳所说："就迁移来说，一个学生是否知道这些运算法则的正式名称，比起他是否能够应用它们，是次要的。"

在有理数分类的课上，我一开始就提问："你们都学过哪些数？"学生们说："正数、负数、分数、小数、素数、指数、循环小数和不循环小数。"我将学生说的全都写在黑板上，这些数从分类的角度看标准混乱，所以教师要引导学生观察思考："这些数怎么这么乱，好像是咱们的分类有点不清楚了，怎么办？"学生就开始思考、整理，提出可以按照数的性质分为正数、负数和零，还可以分为整数和分数等等。最后整理好了，也明白了一个道理：分类标准很重要，当分类标准明确的时候，思路也就清晰了，正确的结论也就产生了。

有空间的探索可能会产生与教科书不同的数学

学习平行四边形判定定理的时候，让学生先通过画平行四边形探索：给你一个条件，比如两条对边平行，你能不能保证画出的一定是平行四边形？学生发现画出来的不一定是。接下来给两个条件，探讨需要两个什么条件，如何组合，学生通过探讨给出了 12 种组合，发现有些是可以的，有些是不可以的。对于两个条件不能确定的，增加为 3 个条件却发现是过剩的，可以被其他的两个条件替代，4 个条件就没必要探讨了。在这个过程中，教师的作用就是激发学生兴趣、引领学生探索，后来学生将探索过程写成了非常漂亮的小论文。

通过这些尝试，明显可见学生思维上的变化，也让老师对给孩子空间越来越有信心。

给孩子空间会生发出一些新的问题需要教师面对，反过来也不断促进教师的学习，开阔自己的视野。

比如，同学们探索出 9 种平行四边形的判定方法，可是书上只有 5 种定理，此前我根本没想过另外 4 种为什么不是定理，可能是习惯了教科书的说法，给了几个就学几个，怎么解答这样的问题呢？没想到学生给出了非常棒的解释。学生说："我认可书上的 5 种，但是多出来的 4 种也没有错误，最后都能通过化归变成书上的判定定理，说明殊途同归。"还有人补充："书上给的定义也好，法则也好，都是最直接、最明了、最简单的判定定理，要不然就是条件和结论之间的解释。"这些解释是合理的，通过查阅文献可知，以往的教科书中平行四边形的判定定理与今日教科书中的就有所不同。

给孩子空间要求教师的教学不能教条，不能唯课本、唯经验，而要抓本质，这样才能对学生进行更高位的引领。

比如函数的学习，整个初中阶段要讲三种函数，都是按照列表、描点、画图象、理解函数性质的程序进行讲解的，我认为这不合理。这些由解析式确定的函数的性质是由解析式的特征决定的，而图象是其性质的直观呈现形式。因此，我的教学从解析式开始，比如反比例函数 $y=\dfrac{k}{x}$，请学生分析这个解析式决定了函数的什么特点，学生能分析出 $x\neq 0$，y 也不能等于 0，这些反映到图象上，就是图象与坐标轴没有交点，等等。所有这些东西学生都先从解析式中解读出来，当解读得差不多的时候，再试着用图象直观地把这些东西呈现出来，然后让学生深刻地理解数形的统一性。有了引领以后，学生拿到一个有解析式的新函数就会先分析解析式、做代数推理，想象图象的样子进而画出图象，一个先有解析式的函数，是其解析式决定了其性质、图象，图象只是性质的直观表现形式。

再比如应用题的教学，教科书是按照问题所在情境分类编排，分为工程问题、行程问题、浓度问题、效率问题，甚至还有灌水问题、水管问题等，开始我也是这样教学的。但是我觉得分类是让学生在记忆具体的情境中的内容，而没有让孩子学会如何分析问题，挖掘实际问题中的等量关系。应用题的核心是找等量关系，我现在教应用题，先不忙着让学生解答，而是给出题干，让学生去理解题意，分析其中的数量关系，有时候一节课会分析 5 个题、8 个题，都没有完整的"设—列—解—答"，而是先让他们会分析，会找等量关系，让学生明白实际问题中等量关系如何呈现。

记得孙维刚老师有关应用题的说法是：应用题当中的每一个量，无论是已知的还是未知的，都可以作为列等量关系的依据，只是繁简而已。我也曾经做过这样的研究课，利用这种思想，把题目当中所有的已知量和未知量都当成列方程的依据，一道应用题学生列出了十几个方程。

有的老师在初一开始时，看到学生列算式而不列方程，就会说方程简单，列算式困难，要求学生列方程。我觉得没有必要，学生愿意用算式的时候，除非考试有特殊要求，我不要求学生必须列方程。而随着题目的复杂程度增加，他们觉得算式玩不转了，自然会选择列方程。

为了给学生空间，我还体会到，备课除了备本学段的教材外，还要看小学和高中的教材，看学生小学学了什么、看未来高中对这一部分知识的要求是什么，要知道所教的知识在整个学段、整个知识体系中处于什么样的位置、发挥什么样的作用。比如，学习"角"之前，学生问老师下节课讲什么啊？我说该讲角了，孩子说："角我们小学就学了啊，为什么还讲？"我一想，学生在小学学什么了，你如果不知道，怎么让学生感受到收获啊？所以现在小学一到六年级的数学书我也都会看，对于教学中更本质的去教授这些知识有很大的帮助。

整合，为了学生更好的理解

姚春艳

整合知识、进行单元教学，让学生更自由地思考、更好地理解，这是在从教30多年间逐步形成的教学主张，这一教学主张的形成与我参与教育学院的一些研究项目具有直接关联。

关键事件：因式分解单元的探索

"因式分解"的教学对我来说是走向"整合"的关键一课。

2016年和教育学院的冯启磊老师合作开展实验研究，整合多种因式分解的方法进行教学，随后这部分内容的几次教学都采用了这种方式，大体是：通过阅读教材理解了因式分解的概念后，直接让学生解决一些因式分解的题目，几次实践所用的题目稍有差异，但总体相同，是让学生在辨析因式分解概念的基础上自主构建因式分解的方法，题目能用的方法包括提公因式法、平方差公式、完全平方公式等。比如 2019 年的研究课设计的题目是这样的：

下列多项式哪些能分解因式？哪些不能分解因式？能分解因式的要分解，不能分解因式的要说明理由。

① x^2y+xy　　② m^2-81　　③ x^2+4　　④ $6x^3y^2-12x^2yz$
⑤ a^2-6a+9　　⑥ t^2-3　　⑦ $3c^2-3d^2$　　⑧ $9x+3y-1$

几次实践，无论是我自己的学生，还是到外校借班上课的学生，面对这些问题的表现都类似：都是先解决利用平方差公式能够因式分解的题目，而非像教科书安排的提公因式法在前。2016 年做的实验研究，我用整合的方法教，对比班是同组的黄老师带的班，按照教材上那样一种方法一种方法教，做了两个后测，一个是当时的检测，还有一个延迟性的检测。结果是：检测是对比班的学生表现好，而延迟性检测则是实验班的表现更好。我记得特别清楚，现在已经上高二的那个班级中，一名数学常考三四十分的小男孩，这部分理解得特别好，题目都会做。

学生自由思考之后：从关注结果到关注过程

整合知识的单元教学可以为学生提供较大的自主空间，让学生更为自由地思考。不过，这个过程中，学生需要独立面对挑战性的问题。因此，教师需要更为自觉、更有策略地践行课程改革提出的对引导者的要求，特别是要以发展的眼光看待学生的表现，不能简单关注结果、按照标准答案评价学生的作品。

比如，因式分解方法的探索中，对于题目 $6x^3y^2-12x^2yz$，学生在黑板上展示了六种不同的结果：

①$6x^3y^2-12x^2yz=6x(x^2y^2-2xyz)$

②$6x^3y^2-12x^2yz=xy(6x^2y-12xz)$

③$6x^3y^2-12x^2yz=6(x^3y^2-2x^2yz)$

④$6x^3y^2-12x^2yz=x^2y(6xy-12z)$

⑤$6x^3y^2-12x^2yz=2(3x^3y^2-6x^2yz)$

⑥$6x^3y^2-12x^2yz=6x^2y(xy-2z)$

图 3-3-1

如果按照标准答案评价，只有⑥是正确的，可是如果教师直接给出是非判断，就与让学生探索的初衷相悖了，要知道，此时孩子们只是以因式分解的定义作为操作的标准，而按照定义，这六种结果都实现了"将一个多项式分解为两个多项式之积"，当然都是正确的。教学的主要任务就是以这六种答案和解题思路为基础，形成关于因式分解的更为高级的标准——每个因式都不能再分解。

在教学中，我首先肯定所有学生："大家都能够按照因式分解的定义，将一个多项式变为了两个多项式之积，用乘法检验一下，这六种结果都对，说明咱们同学都理解因式分解的概念了，很好！"

接下来引导学生对这六种结果进行讨论：

师："对黑板上的六种结果，你最喜欢哪一个？你认为哪一个比较好？"

有趣的是，大多数学生支持了③，其次是④，选择另外几个的人寥寥无几，于是我先请选择③的生1和选择④的生2说一说自己为什么喜欢这个。

生1：因为③计算起来比较方便，有乘积的形式，做了因式分解。

生2：④是我自己做的，觉得自己做的最好。

师：③把6提出来了，你为什么没提6？

生2一时无语，我转向全体学生：大家觉得这个6能不能提出来？为什么？

学生普遍反馈：能。

我点评道：没错，③是正确的，有③作保证，这个 6 是可以提出来的，也就是我们可以把大家最喜欢的③和④融合到一起变为：

$6x^3y^2-12x^2yz=6（x^3y^2-2x^2yz）=6x^2y（xy-2z）$

大家再看这个式子，有什么发现？

学生争相回答：就和⑥一样了。

师：对了，我们看到，其实⑥恰好是③和④融合到一起的结果。再来看一看③干了一件什么事儿？④提出了什么？

生：③把 6 提出来了。

师：6 是什么？怎么提出来的？

生3：6 是数字系数 6 与 12 的最大公约数，逆用乘法分配律就可以提出来。

生4：④提出来了字母 x 和 y。

师：为什么可以提出字母 x 和 y？

生2：因为多项式 $6x^3y^2-12x^2yz$ 的第一项和第二项中都含有 x 和 y。

师：生2，请你说一说，x 你取的是二次，y 你为什么取一次？

生2：x 取二次是因为多项式中 x 最小的次数是 2，y 取一次是因为 y 最小的次数是 1。

师：通过分析我们发现，$6x^2y$ 我们既可以从第一项里拿出来，也能从第二项里拿出来，依据是什么？

生：乘法分配律的逆用。

师：谁能给 $6x^2y$ 起个名字？

通过与小学所学公因数概念建立联系，学生互相补充、完善，得到了公因式的定义。

单元教学中的学生获得了更多自由思考的空间，也在考量教师驾驭教学的能力、对现场生成的资源的利用能力。

学生获得：更为灵活的知识运用能力

因式分解是我初次接触单元教学，是我从教 30 多年的一次突破，实验后我发现效果特别好，所以从那以后无论在哪一部分内容的教学时，我都要想想能不能整合起来。后面也做了一些尝试，效果也都很好。

比如，幂的运算的教学，教材安排分三节课，分别是同底数幂乘法法则、幂的乘方、积的乘方，每节课一个知识点，按照这种讲法，每节课的每个知识点学生都能掌握得特别好，都学完了放在一起就全乱掉了。而通过整合，让学生一开始就从整体上知道幂的运算都有什么问题，到具体的问题中再分析要做的运算是什么、用什么法则。教学时，让学生举出单项式的例子写到黑板上，一共写了 15 个，然后让学生从这里边挑，哪些组成加法可以化简、合并，哪些组成乘法可以化简、合并。学生先挑组成加法做运算可以合并的，比如学生拿了一个 a^2，还有 $2a^2$，他说这两个做加法可以合并，加法是初一上学期学的，通过合并同类项化简。然后再探讨组成乘法可以化简的式子，为什么可以化简，随着解释就产生了幂的运算法则。

类似的整合还有一元二次方程的解法、三角形全等的判定等。

单元教学有助于学生整体上的认识，从而灵活运用。比如一元二次方程的解法，不再一个方法一个方法地去教、去灌输，而是给出各种各样的方程，让学生把所有的方法找出来，从开始就综合，以后学生在解决问题的时候，遇到一道题自然就会先看用哪种方法合适，或者简单，灵活性大大增强。过去学习解一元二次方程，学生最习惯用的就是配方，有的学生就是用公式法套公式，缺乏灵活性，在一些复杂问题上表现得更明显。比如，中考中的代数综合题，通常需要解一个含有字母系数的方程，或者是求含有字母系数的二次函数的零点，这样的问题如果能够观察一下系数的特点，通常都能通过因式分解解决。通过单元教学，我的学生解题的灵活性有明显提升。

第四章

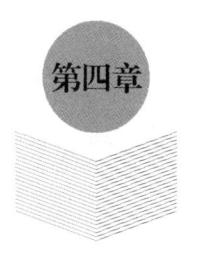

专 业 作 品

  专业作品是体现教师工作专业性最为重要的部分，是教师理论认识和实践水平的聚合物。本部分收录的作品分三类：数学教学类，心理辅导类，教研引导类。这些作品代表了老师们在处理日常的数学教育教学工作中经常出现的三类问题时表现出的智慧，体现了老师们敢于直面各类问题、用心面对自己的服务对象的品质。

将个人的学习与国家发展联系起来
——"分式方程的应用"教学探索

张红艳

> 数学是自然学科的重要基础，作为一名数学教师，除了教给学生今后学习生活所必需的数学知识、技能、思想和方法外，还应注重引导学生学会用数学的眼光观察世界，用数学的思维思考世界，用数学的语言表达世界，而学科德育的视角，会在选择发展学生数学素养的同时关注学生的德育涵养。

在《义务教育数学课程标准（2011年版）》中，"增强发现与提出问题的能力"被纳入课程目标，但课程标准和教科书并没有也不可能设计专门的培养学生"发现与提出问题的能力"的活动，它只是要求教师结合日常的教学内容，选择合适的素材、时机和形式，灵活开展。笔者在"分式方程的应用"的教学中，利用方程联系数学与现实的特点，结合当时北京正在举办的阅兵式，设计了一次教学活动，在培养学生数学素养的同时，也引导学生将个人的学习与国家的发展联系起来。

一、教学背景

"分式方程的应用"是初二学生学习的一节课，"分式方程的应用"这节课包含了一些应用题，体现了"方程作为刻画现实世界数量关系的数学模型""培养学生应用意识"的理念，由于此前已经有了学习列一元一次方程、二元一次方程组的经验，列分式方程对学生来说并没有什么挑战性。

学生在学习"分式方程的应用"这节课时，恰逢纪念中国人民抗日战争暨世界反法西斯战争胜利 70 周年阅兵式结束，各大媒体、网站、报纸争相报道，宏大的阅兵场面让每一个中国人终生难忘。这引发了笔者的思考：既然数学在现实中有着非常广泛的应用，那么这么重要且发生在学生身边的国家大事中一定蕴含着数学问题，可以借此开展一次以"发现阅兵式中的数学问题"为题的综合实践活动，以帮助学生"认识到现实生活中蕴含着大量与数量和图形有关的问题，这些问题可以抽象成数学问题，用数学的方法予以解决"，也算是作为数学教师的我为落实中国学生发展核心素养所做的尝试。

为此，笔者设计了本次活动：寻找阅兵中的"分式方程"问题。

二、教学过程

1. 组建小组，明确任务

作为综合实践课，这节课分为两个阶段。在前期准备阶段，学生需要组建小组，进行合理分工，上网查阅资料，筛选相关信息，完成以"纪念中国人民抗日战争暨世界反法西斯战争胜利 70 周年阅兵"提供的数据为题材，小组合作自编一道分式方程应用题的任务。

考虑到学生第一次进行这种综合实践活动，教师给出了分组建议：（1）考虑到需要小组合作上网搜集材料，小组成员最好参考家庭住址分组，就近为好；（2）考虑到小组成员分工问题，能力强的学生应主动带动能力稍弱的学生，在本次活动中要充分发挥每个成员的专长。在这些建议下，学生进行合理的分组，每个成员在这次活动中都发挥了实实在在的作用。后期汇报成果时，我在每个孩子的脸上都看到了成就感。

2. 逐步完善，从繁到简

尽管学生上交的作品丰富，但是从数学的眼光看，却存在着许多问题，其中，最具代表性的是文字叙述不简练以及实际数据与理论结果有偏差。爱因斯坦说过："美，本质上终究是简单性。"他认为，只有借助数学，才能达到简单性的美学准则。数学的简洁美在于定义、规律的叙述语言"一字千金"的高度精练，在于公式、法则的高度概括性，在于符号语言的广泛适用性。欧拉公式 $V-E+F=2$，堪称"简单美"的典范。

（1）文字的删繁就简

以 A 组为例，这个小组第一次呈现的成果将近 800 字。这样一道数学应用题对刚步入初二的学生而言阅读负担过于沉重，要求他们组在不影响叙述真实背景的前提下，将字数控制在 300 字左右。孩子们根据老师的要求对背景介绍部分进行了整理，第二次呈现如下成果：

2015 年 9 月 3 日，在纪念中国人民抗日战争暨世界反法西斯战争胜利 70 周年大会上，7 万羽和平鸽展翅高飞，7 万只气球腾空而起。大会在《歌唱祖国》的激昂乐曲中圆满结束。11 时 37 分，气球全部放出，一条"巨龙"飘向高空。这 7 万只七彩气球由 70 只边长为 2.8 米的正方形笼子装载，每个笼子装 1 000 只。放飞气球时，官兵们需在 14 名信号员舞动信号旗的指挥下，按照要求进行动作，每个笼子的 4 名官兵从四角两侧协力配合拉开笼子顶部的开窗。笼子除了顶部开窗外，还特设了透明的塑料顶棚，以减少气球与笼子的摩擦。在试验中得出结论，一下子打开笼子顶棚后，1 000 只气球很快会全部飞到空中，因此改变了放飞方式：顶部开窗全部拉开后，先打开三分之一的塑料顶棚，让部分气球缓缓放出，约一半放出后，再将顶棚完全打开。这种新的放飞方式比旧的放飞方式每分钟少放 80% 的气球，但可以保证一个笼子中的 1 000 只气球在比原来慢 20 秒的时间里徐徐升空，请问现在每分钟放飞多少个气球？

这段话字数还是比较多，甲学生对我说："老师，再删就说不清楚了！"我非常能够理解孩子们的心情，对于劳动成果他们应该是舍不得。"能不能利用视频将背景介绍清楚呢？"孩子们豁然开朗，最终确定加入视频，图文并茂地展示，文字只保留上文中"放飞气球时"之后的内容，少于300字。

(2) 数量关系的改造

实际数据与理论数据有差距是本次学生编题的另一个困难，这也是数学建模中常见的问题。学生根据网上、新闻报道得到的数据都是非常真实的，而作为数学问题，理论答案与真实数据存在着明显的差距。这就需要对每一份成果逐一分析，反复核实推敲，确保学生提出的问题可以用分式方程的相关知识加以解决。其中一个作品是：

一辆装甲车从东华表至西华表（距离为96 m）所用的时间是固定的。每辆装甲车必须保证36 s之内通过。如果有甲、乙两辆装甲车同时从东华表出发，乙的速度比甲的速度快20 km/h，又知乙到达西华表的时间正好比甲提前2 s，那么甲的速度是多少？

这道题如果设甲的速度为 x km/h，则乙的速度为 $(x+20)$ km/h，所列分式方程为：

$$\frac{96}{x+20}+2=\frac{96}{x}$$

经过去分母转化为二次方程 $2x^2+40x-1\,920=0$，这是学生当前未学习的方程，需要调整改造。帮助学生分析二次项出现的原因，然后引导学生修改问题以避免这种情况的产生。最终，学生发现只要将条件中的"又知乙到达西华表的时间比甲正好提前2 s"改为"又知甲到达西华表的时间是乙到达西华表的时间的2倍"，问题就可以解决，所列方程变为可化为一元一次方程的分式方程：

$$\frac{96}{x+20}\times 2=\frac{96}{x}$$

三、教学效果及反思

本次数学综合实践活动的目标之一是提升建立数学与现实联系的意识和能力。总结时，许多同学都表达了这一点，一名学生在活动总结中说道:"'数学来源于生活,也被应用于生活之中.'上过这节课后我更加理解这句话的含义。我发现'九·三阅兵'真是不简单,尤其是用数学的眼光去看,更是非比寻常!在电视机前观看阅兵式,我只是感受到了阅兵式的庄严,对一个民族乃至国家的重要……而当我们用数学眼光去看阅兵式时,才发现阅兵式是非常严谨的,精确到秒,我从未想过放个气球都要几次改进方案。我太佩服阅兵式的幕后指挥者了!"

活动过程中,学生在小组协作、信息检索、个性展示等方面都得到了锻炼,值得关注的是,从以前的以解题者的身份面对文字题,到以编题者的角色编制文字题,学生感受到了一般信息与数学信息的关系,一名同学总结道:"通过这节课,我总结了一个做题的技巧。不管是什么样的题,如果信息量特别大,我们首先应该仔细审题,提炼出有用的数学信息;其次还要想清楚用什么知识来解决问题,分式方程也是解决生活问题的一种方法。"

通过为学生提出来自现实生活中的问题的创设条件,引导学生关注生活,用数学的眼光观察世界,用数学的思维思考世界,用数学的语言表达世界,这是我们当代数学教师的责任。让学生在这一过程中主动探索、积极思考、不断反思改进,从而推进学生的全面发展。

参考文献

[1] 中华人民共和国教育部. 义务教育数学课程标准(2011年版)[M]. 北京:北京师范大学出版社,2012.

[2] 李吉林. 情境教育精要[M]. 北京:教育科学出版社,2016.

[3] 波利亚. 数学的发现[M]. 北京:科学出版社,1982.

[4] 胡作玄. 引起纷争的金苹果:哲人科学家——康托尔[M]. 福州:福建教育出版社,1993.

一个拼接钱包引发的数学探究

孙宝英

> 一次偶然的机会，教师得到了一个碎皮拼接的钱包，于是，一个从拼接钱包开始的多边形等积剖分的数学探究展开了，学生不断提出新问题、解决问题，发展了数学思维，巩固了数学知识与技能，促进了数学应用意识的形成，也让教师对自身角色产生了新的认识。

《义务教育数学课程标准（2011年版）》将培养学生的数学应用意识作为课程目标，提出"现实生活中蕴含着大量与数量和图形有关的问题，这些问题可以抽象成数学问题，用数学的方法予以解决"，要想落实这一目标，就需要教师主动引导学生发现身边的数学问题，并开展深入的数学探究。

在一次日常的学校活动中，笔者从一个钱包出发，引导学生开展数学探究，取得了良好的效果，也引发了一些思考。

一、课题的缘起

前不久，学生组织卖废品得了一些班费，为了将这些零钱收存起来，生活委员拿来了一个黑色的小钱包，看到这个用碎皮拼接成的皮质小钱包，几个调皮的男生笑着称之为"百家包""节约包"，还别说，跟我们那点零散的班费还真是般配呢。拿着这个与众不同的小钱包，看，这不是几何图形吗？我突然有了灵感，对学生说：

"孩子们，这个钱包好啊！大家看看，得有多灵巧的手才能把这么不规则的几何图形拼接得这么严丝合缝啊！"所有人的目光不约而同地集中到了我举起的钱包上。

"老师，这是咱们学过的'镶嵌'问题吧？"

"对，是不规则图形的'密铺'问题！"

看到同学们开始由这个钱包联想到了数学问题，我不由得点头表示赞许。

"一下子就将这个钱包与我们初二时候已经研究过的'镶嵌'和'密铺'问题联系起来了，不错！看来，你们都已经长出了一双'数学之眼'了！'密铺'问题我们已经探索过了，大家能不能再将这个问题研究的更加深入一些呢？比如，'密铺'的用途！"

"老师，'密铺'后的皮子变大了，可以用来做东西了！"

"得'密铺'成矩形才好用！"

"正方形也可以吧！"

"梯形也行！咦？菱形、平行四边形也行，我见过！"

看着学生们已经渐入佳境，我引导学生聚焦：

"咱们就从简单的、最好用的入手吧，假设咱们手里的碎皮就是三角形的，你能剪拼成矩形吗？"教室立刻安静了下来，同学们开始思考，有的则开始动笔画图。"好吧，今天的作业就是'如何将三角形等面积地剪拼成矩形'，注意，是'等面积'呦！节约到底，不能浪费啊！"

一个普通的班会，一个小小的钱包，引起了一次数学探究。

二、教学过程：一节"真过瘾"的数学课

（一）课前准备——物以类聚，分组合作

第二天，孩子们拿来了五花八门的设计方案。我将这些方案进行了分类并根据学生提供的方法分成了两组：

由直角三角形入手剪拼成矩形的分为第一组；由一般三角形入手先剪拼成平行四边形再将平行四边形剪拼成矩形的分为第二组。当然还有没想出方案的，就随机分配给了这两个小组。

（二）课上探究——交流展示，相互启发

1. 三角形、平行四边形、矩形间的相互剪拼

第二组的同学首先展示由三角形剪拼成平行四边形：

（剪一刀）　　图 4-2-1　　　　　　　　　图 4-2-2

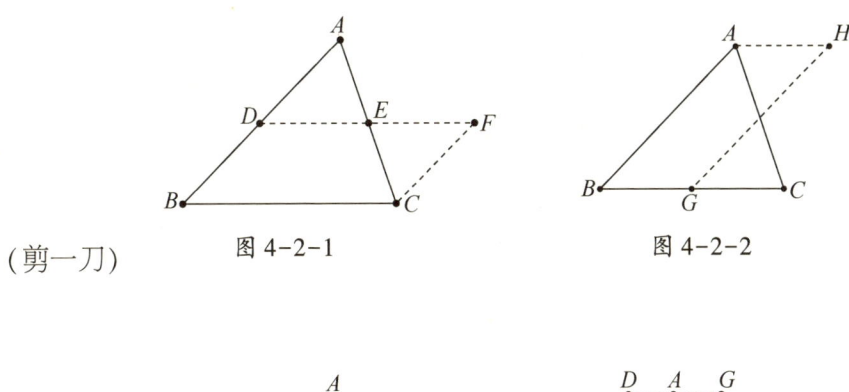

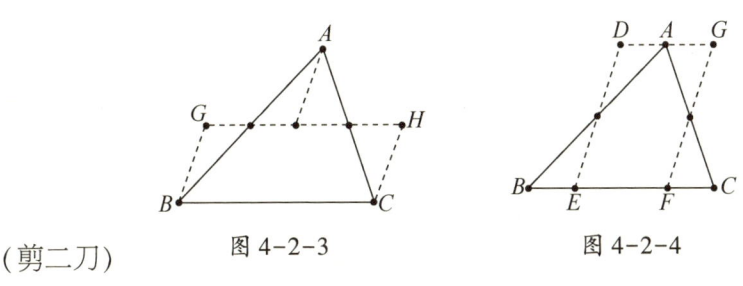

（剪二刀）　　图 4-2-3　　　　　　　　　图 4-2-4

这一组是将一般三角形剪拼成平行四边形，再将平行四边形剪拼成矩形。按照所剪的刀数对方法进行了归类。我提示学生在展示的过程中要尽量描述清楚自己的思维过程以及解决方法的合理性。引导学生观察剪拼过程中，就数量和位置而言，什么没变？什么变了？怎么变的？由数想形，尝试抓住"局部全等，整体变形，面积不变"这一本质，从面积公式入手，发现：$S = \frac{1}{2}ah = a\left(\frac{1}{2}h\right)$，即底不变高变；$S = \frac{1}{2}ah = \left(\frac{1}{2}a\right)h$，即底变高不变。

通过研究三角形与平行四边形的底和高间的关系，再结合利用中点构造全等三角形的方法，实现从三角形到平行四边形的等面积转化。在学生初步掌握此种剪拼方法的基础上，鼓励学生同时改变底和高，比如 $S = \frac{1}{2}ah = 2a\left(\frac{1}{4}h\right)$，尝试进行剪拼，在帮助学生打开思路的同时，让学生体会"由原问题出发，探究问题的本质，归纳总结解决问题的方法，再发现新问题"这一深入探究问题的基本思路和方法。

创设情境探索解决问题选材于一道中考模拟题，学生之前有所接触，大部分学生能够解决，但缺乏理论基础，多次尝试获得者居多，因此，选择这个问题进行切入，符合学生的认知水平，有利于激发学生的学习兴趣，培养学生数形结合的能力，丰富学生的动手实践经验。最后就剪拼问题本身需要注意的事项以及涉及的知识和方法进行了反思和小结：

（1）一刀可以剪出长度相等的两条线段；

（2）长度相等的线段拼在一起才能"拼齐"；

（3）互补的两角或者和为180°的几个角才能"拼平"；

（4）从"不变"入手，找到两个图形的面积关系，分析对应的底和高间的数量关系，从而找到突破口；

（5）利用"线段中点"构造中心对称的两个全等三角形，可以实现图形的局部转移。

接着继续展示由平行四边形剪拼成矩形，如图4-2-5所示：

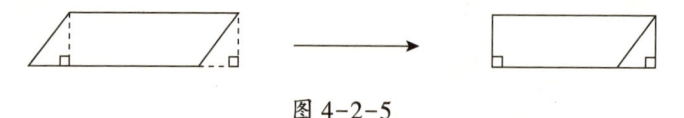

图4-2-5

我及时肯定了这种方法，并对学生能够借助已有的结果或经验实现"由特殊到一般，再由一般转化为特殊"进行了表扬，同时引导学生对解决过程进行进一步反思：当我们解决一个问题的时候，可以"降低条件"，从一般入手，再将一般转化为特殊。三角形剪拼成平行四边形对学生来说可以实现，是已有的经验和能力。而矩形是特殊的平行四边形，条件更多，要求更多，但是容易操作。所以先将三角形剪拼成平行四边形，再由平行四边形剪拼成矩形。在老师的启发下，学生马上就提出要通过"从特殊到一般"的顺序进行分析。

第一组同学闪亮登场，之所以没有先请第一组汇报，在于这组同学水平相对低一些，希望通过前面同学的发言以及反思小结为他们提供经验，此时发言时机更为合适。

以下是两个同学的方案：由直角三角形剪拼成矩形（图4-2-6，图4-2-7）：

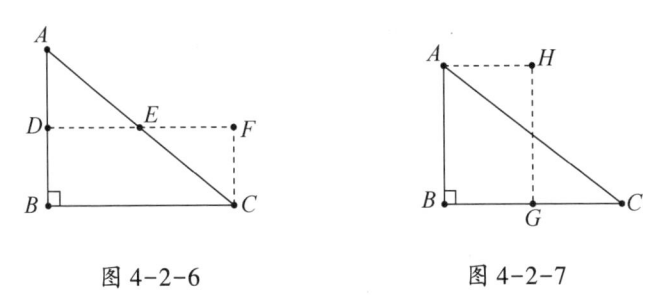

图 4-2-6

图 4-2-7

接下来，我对学生进行了追问：四边形可以从一般到特殊，那么三角形能否也从一般入手呢？也就是，我们能否借助刚刚获得的经验直接由一般三角形剪拼成矩形呢？即：先将一般三角形剪拼成直角三角形，再将直角三角形剪拼成矩形！

这个想法让学生们一时非常的兴奋，立即动手进行了尝试。

很快得到了以下方案（图4-2-8，图4-2-9）：

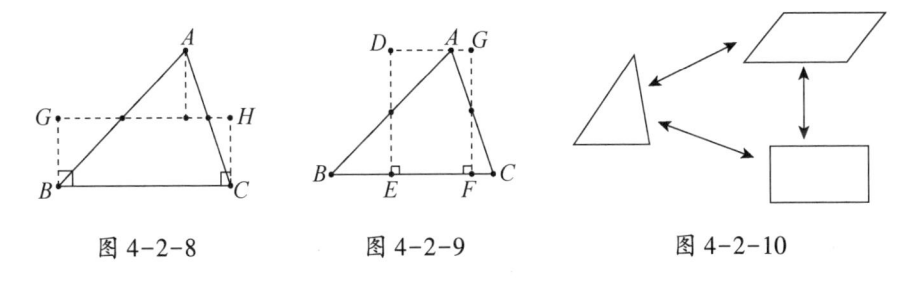

图 4-2-8　　图 4-2-9　　图 4-2-10

按照我们平时的习惯，我带领学生将整个解决过程进行了回顾，并引导学生从目标图形与已有经验、结果间的关系或被剪图形从特殊到一般两方面入手，归纳解决问题的方法，并呈现三角形、平行四边形、矩形这三个图形之间的转化关系图（图4-2-10）：

至此，将"三角形等面积剪拼成矩形"这一问题被完美解决！然而，事实果真如此吗？

2. 三角形、平行四边形、矩形与菱形间的相互剪拼

"老师，我妈妈有一个正方形的包包，是由皮革拼成的，特别漂亮！"

"对！老师，有很多正方形的包包是由皮革拼成的，比矩形漂亮！"

"老师，那咱们也拼成正方形吧！"

"老师，三角形能剪拼成正方形吗？"

"同学们，爱因斯坦曾经说过，提出一个问题比解决一个问题更重要！看来你们非常有创造力啊！对啊，三角形能否剪拼成正方形呢？"我肯定并表扬了孩子们的探究精神，并把问题抛回给了他们。受到鼓舞之后，学生们立即开始画图研究。我提醒他们，可以从已经解决的问题入手，借鉴相应的解决办法和思路。

很快有学生提出将任务进行分解并尝试降低条件：先将三角形剪拼成直角三角形，再将直角三角形剪拼成菱形或者矩形，最后将矩形或者菱形剪拼成正方形。鉴于矩形剪拼成正方形的方法非常复杂，我建议学生先解决三角形剪拼成菱形的问题，提醒学生从面积公式和图形特点两个方面入手分析。学生们很快制订了如下方案：

（1）如图 4-2-11，4-2-12，从菱形与三角形的面积公式入手：

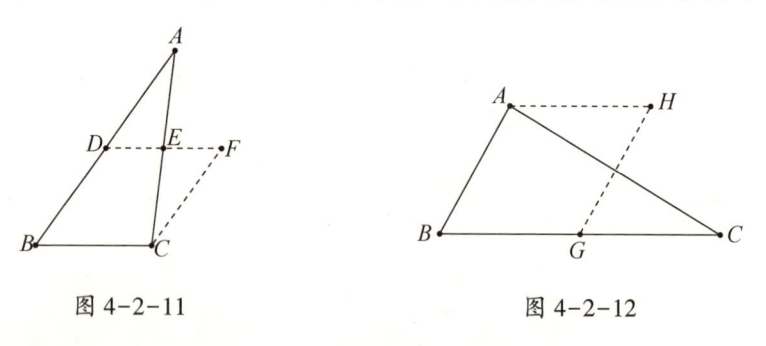

图 4-2-11

图 4-2-12

发现有两边之比为 1：2 的三角形可以直接剪拼成菱形，这是一个非常有意义的发现，但显然这种方法不能将一个一般的三角形剪拼成一个菱形，那么问题该怎么解决呢？有了之前的经验，我引导学生从菱形与平行四边形或者矩形的关系入手探究。

（2）图4-2-13，图4-2-14，由菱形和矩形的关系，先将三角形剪拼成平行四边形或者矩形，再剪拼成菱形。

图 4-2-13　　　　　　　　　图 4-2-14

（3）如图4-2-15所示，由菱形和直角三角形都可以分割为四个全等的小直角三角形这一共同特点入手，从特殊到一般。

（4）如图4-2-16，利用面积公式，从"等积"入手，对一般三角形进行探究。

（说明）在此环节，学生将进一步理解三角形、平行四边形、矩形、菱形之间的关系，如图4-2-17所示。

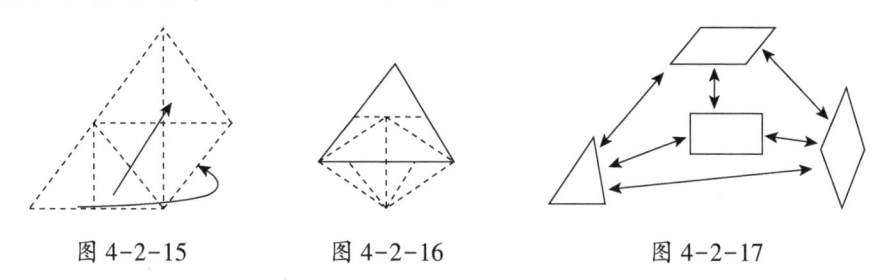

图 4-2-15　　　　图 4-2-16　　　　图 4-2-17

有了以上的经验，学生对将三角形剪拼成正方形很有信心。提出从正方形与矩形、菱形的关系入手，或者先由等腰直角三角形入手进行探究。由于时间关系，我把这个问题留给学生课下解决。

（三）课后作业——问题引领，深化探究

"同学们提出的问题非常有研究性！还有其他问题吗？可以提出来咱们共同研究。"

"老师，碎皮革不都是规则的三角形。"

"对，还有四边形的呢！"

"我们研究数学问题是为了解决实际问题，但是单纯的数学问题与实际还是有一些区别的。就不规则图形而言,我们倒是可以从四边形入手。大家可以思考一下,如果是普通的四边形,我们假定它是凸四边形,那么它能否等面积的剪拼成平行四边形、矩形、菱形和正方形?"

"老师,如果平行四边形、矩形和菱形都能剪拼成正方形的话,我们只要考虑把普通四边形剪拼成这三种图形中的一种就可以了!"

"对!平行四边形应该最好剪拼吧!"

听着学生们七嘴八舌的讨论,我意识到这节课的学习已经对学生们的探究能力和水平有了一定的影响。"你们分析得非常好!咱们就从条件最少的平行四边形下手,看看普通四边形能否剪拼成平行四边形。但是由于时间关系,需要大家课下完成。"

这节课被学生戏称为"感觉时间过得真快"和"真过瘾"的一节课!学生们对问题的提出和探究热情非常高涨,可以说是意犹未尽!

以问题开始,以问题结束,充分体现了本节课以问题引领、探究贯穿始终的特点,为学生打开了更广阔的探究空间,满足了学生多样化的需求。值得一提的是,在学生的强烈要求下,我们又加了一节课,展示了学生探究出的将矩形等面积剪拼成正方形以及普通凸四边形等面积剪拼成平行四边形和矩形的方法,"钱包问题"总算告一段落!然而这节课并没有结束,不是吗?

三、意犹未尽之后的反思

从一个拼接钱包开始,学生通过动脑思考、动手画图、动口交流,巩固了基本知识,积累了基本的活动经验。通过归纳方法和寻找联系,不断地提出问题、解决问题,实现了"再创造"和"再发现",整个教学过程就是学生思维实践活动的过程。在归纳方法时紧紧抓住"等积变形"这一本质,从面积公式入手,同时分析图形间的关系,将面积问题转化为线段问题来解决。由简单到复杂,由特殊到一般,逐渐深入探究。

（一）学生：学习过程中在知识、技能与方法等方面的收获

总结剪拼过程中平移、旋转、轴对称等图形变换的应用以及中点、中位线的用法：

1. "思"：抓住面积不变，利用图形特征和面积公式进行联想转化；抓住剪拼的目的，长度相等的线段可以拼在一起，互补的两角能铺成平角，一刀能剪出两条相等的线段、一对互补的角等经验。

2. "做"：画图，动手剪、拼（几何变换）。

3. 怎样从一个问题出发提出新的问题，从而更深入地开展探究和发现活动。

由一般的平行四边形到特殊的平行四边形——从一般到特殊（纵向）；由三角形到四边形——由此及彼（横向）；由问题推结果，再由结果想问题（顺向和逆向）。从知识、方法、技能三个方面进行归纳，帮助学生体会图形发展变化的过程，揭示知识间的内在联系；落实剪拼问题的解决；学会思考问题、提出问题、解决问题的一般方法。

（二）老师：教学过程中明确自己的身份和地位

这节课于我而言也是全新的，我和学生一样面临着挑战。在整个教学过程中，我始终摆正教师"合作者""引导者"与"组织者"的身份，和学生一起提出问题、分析问题、解决问题。皮亚杰认为，学习依赖于学习过程，只有出现不平衡时，儿童才有机会成长和发展。最终，儿童表现出具有质的不同的新思维方式，并提升到一个新的发展阶段。而亲身体验活动事件，是提升其认知发展的有效方式。建构主义的核心观点是：学习者要想获得成功，必须自己去发现和转换复杂的信息。因此在教学过程中，应该尽量抛给学生问题，先引起学生的认知冲突，再通过思考、探究、交流等方式获得解决问题的方法和途径，这才是学生真正的"经历形成过程"。

参考文献

[1] 中华人民共和国教育部. 义务教育数学课程标准（2011年版）[M]. 北京：北京师范大学出版社，2012.

[2] 冯启磊，杨小丽，刘春艳，等. 基于知识形成过程的数学教学[M]. 北京：高等教育出版社，2017.

让问题从学生的经验中生发出来
——以"一元一次方程的应用之行程问题"为例

王佳菊

> 行程问题是日常生活中常见的问题，但也是初中生学习中的难题，本研究的一个特点是：教师创设学生熟悉的行程情境后，将提出问题的机会交给了学生，让学生提出自己关心的问题，教师引导学生由浅入深并结构化地探究问题，化解难点。

传统的应用题教学侧重分析与解决问题的过程，往往是教师直接呈现具体的题目，学生在教师引导下分析，并建立模型，从而解决问题。在分析问题时，教师往往纠结于为什么分析方法讲了很多遍，学生还是不会用、用不好；为什么有些同学连基本的题意都不能理解，读不懂题；等等。原因就是，让学生面对现成的问题去分析解决，学生的生活实际与问题有距离感；忽视了这些问题原本是现实生活中人们经常遇到的，是学生遇到相关情境也会关心、能提炼出来的；缺乏对应用题具有的培养学生发现与提出问题的价值和可能性的考虑。夏小刚在《国内外数学问题提出教学研究的回顾与反思》中指出，"一个人常常是在他产生和分析一系列相关的新数学问题时，才会理解和欣赏数学问题的解决方法"，而通过对一个情境蕴含的问题的系统分析，也有利于学生对一个情境中量的关系产生透彻理解，从而能够表达该情境领域的各种基本问题，并通过方程方法解决变式问题。为此，我通过"一元一次方程的应用之行程问题"的教学开始了探索。

一、教学背景分析

（一）教学内容分析

行程问题的基本数学模型是：速度×时间＝路程，从这一基本模型出发，又可以衍生出相遇问题、追及问题等，其演化和情境特征如下：

第一，"行程问题"类型分析：从基本问题到变式问题。基本问题是指一个对象，它的基本量及基本量之间的关系；变式问题是围绕两个对象，因行驶方式的不同从而带来不同情况的分析。无论是哪一类问题，涉及的基本量及关系永远不变，只是情境的简单或复杂。

第二，产生问题的情境特征分析：从一辆车到两辆车，研究对象数量增加，必然带来不同的情况。围绕两个对象的行驶方式，对不同情境特征进行分类。在匀速行驶的情况下，关于出发地点可以分为同地、异地；出发时间分同时、不同时；行驶方向包括同向、反向。行驶结果可分为相遇（追及），或保持一段距离，也就是距离为0或某一个满足实际意义的数。而"问题"在速度、总路程都已知的情况下，一般以求时间为主。

（二）学生情况分析

学生基于情境提出问题的能力分析：韩琴在《国外对课堂教学中学生创造性问题提出能力的影响研究》一文中指出，"学生的知识储备会对其创造性问题提出产生影响，已有知识和问题提出之间呈倒"U"形关系，即被试具有过低或过高知识水平时，提出的问题都少于具有中等知识水平的被试"。基于这个研究，教师就需要提前了解学生的知识储备，从而进行有针对性的设计。聂必凯在《数学问题提出研究综述》一文中表达了"学生能根据实际提出问题，但是可能超越形成问题，还可能提出结构不良问题或陈述不完善的问题等"。他的研究，阐述了学生可能提出的各种问题，备课时教师要比较充分地预设，教师的作用就在于帮助学生提出可解的问题，并表达清楚。

为了了解学生对行程问题相关知识的掌握情况，我通过"问卷网"设计调查问卷。本次参与问卷调查的有 43 人，通过分析数据得出如下结论：88.37% 的学生知道行程问题的三个量及各个量之间的关系；90.7% 的学生可以利用基本关系列代数式，表示时间、路程、速度等；只有 6.98% 的学生认为行程问题情境的分类有 7~10 种，75.42% 认为有 3 或 4 种；88.37% 的学生选择"多读几遍题""画图分析""划关键词、关键句"的方法分析理解应用题。对课前数据的普适性分析和每个学生回答的情况，为学生提出问题、教学目标及重难点的确定提供了有力的支撑。

二、教学过程

（一）教学思路

通过对教学内容的分析，学生情况的数据调研，我把本节课的教学目标确定为：1. 学生经历思考、想象、分析、表达的过程，自主从实际情境中提出问题，理解行程问题涉及的量及各量之间的关系，感受各量之间的关系是列代数式的依据；2. 经历提出问题的过程，整体理解行程问题，体会实际问题如何转化为数学问题，增强数学应用的意识。重点是以系统认识和理解行程问题中的数量关系为基础，形成解决这类问题的基本思路。难点是将自己关心的问题通过补充条件，表达为完整的数学应用题。计划安排两节课，第一节课侧重于提出问题，整体理解行程问题的各种情况；第二节课的重点是运用画图、列表等方法分析问题，建立方程，并用方程模型解决问题。

为了实现本节课的教学目标，我主要设计了三个递进式问题提出活动，如表4-3-1所示：

表4-3-1　教学基本思路

内容主线	驱动性问题	学生认知发展
行程问题中的基本数量关系	甲乙两地之间有一条长度为100千米的公路，一辆小轿车以每小时32千米的速度在这条公路上行驶，看到这个信息，你想知道什么或能联想到什么？	学生调动已有经验和知识提出问题并解决，完成基础知识的复习。
行程问题中的情境分类	如果这条公路上还有一辆吉普车，它的速度是每小时68千米，看到这两条信息，你又想知道或能联想到什么？	学生独立思考、充分地联想，把问题引向深入，学生思维有条理、分类清晰，把复杂问题转化为简单问题。
行程问题的完整表达	根据活动2中大家的讨论，完整地表述题目，并和同学交流。	学生交流分享，培养完整的表达能力，进一步理解行程问题的不同情况，有利于整体把握行程问题。

（二）教学过程

活动1：以学生提出的问题推动基础知识的复习。

上课后，教师通过"拉家常"的方式创设情境。

师：生活条件改善后，很多同学家中都有汽车，有的家中不只一辆汽车，你是否考虑过汽车在公路上行驶涉及哪些问题呢？

从学生熟悉的情境入手，拉近了和学生的距离，他们很自然地提出了一些问题：

生1：小轿车走完全程需要多长时间？

生2：小轿车2小时走了多少千米？

生3：小轿车x小时走了多少千米？

生4：如果司机驾驶2小时需要休息，第一次休息时，它距离乙地有多远？

生5：在行驶过程中它们的速度会改变吗？

生6：它们在哪里行驶，公路是弯曲的还是笔直的？

生7：两辆车是否都加满油，中途是否需要加油？

……

学生提出了很多问题，有的与本节课要研究的问题有关。此时，教师组织学生回答，并板书相应的过程和结论，包括：行驶时间=行驶路程÷行驶速度，行驶路程=行驶速度×行驶时间，总路程=行驶路程+剩余路程，总路程=路程1+路程2+……。有的与本节课要研究的问题无关或关系不大，如一个同学提出的速度是否改变的问题，教师及时指出"本节课主要解决匀速行驶的问题"；有的同学提出行驶路线、油量的问题，教师指出"假设在笔直的公路上行驶，并加满油"。无论学生提出什么样的问题，只要是经过积极思考的，教师都予以解答，并给予肯定的评价，从而鼓励学生大胆地提出问题。可以说开放性问题的设计极大地调动了学生的积极性，学生开阔思维，踊跃发言，课堂气氛立刻活跃起来。不仅达到了复习知识的目的，而且激发了学生继续探究的欲望，改变了传统课堂教师直接出题，学生被动解答的方式。

活动2：以学生提出的问题推动新知的探究。

复习了行程问题设计的量和它们之间的关系后，教师安排"活动2"。学生们的表达中，有的是疑惑，有的是问题：

生1：小轿车何时与吉普车相遇？

生2：两辆车从哪里出发？

生3：两辆车行驶方向一样吗？

生4：两辆车是否同时出发？

生5：两辆车谁先到达终点？

生6：小轿车从甲地出发，吉普车从乙地出发，多长时间相遇？

生7：小轿车、吉普车都从甲地出发，小轿车出发2小时后吉普车再出发，多长时间吉普车追上小轿车？

……

这些疑惑或问题中，有的是教师预设好的，也有"突发事件"。如一个同学提出的"其中一辆车从中间某一个位置出发"，就是事先没有预想到的。面对这个问题，教师表扬学生主动思考，考虑问题很细致，同时指出本节课侧重于研究它们从甲地或乙地出发的情况，先不考虑地点变更的情形。无论哪种情况，教师不急于给出评价，而是引导学生进一步思考。

师：同学们提出了自己的困惑，有各种各样的问题，我们接下来解决同学们的困惑。要想提出问题，条件是否完整，是否需要补充条件？

生1：缺少条件，不知道他们是如何行驶的。

生2：可以补充行驶时间、出发地点、时间、方向等。

师：能否先从出发地点、时间、方向等，把涉及的不同情况分类？如何分类？

生1：出发时间分为同时出发，一前一后出发。

生2：出发方向有同向、相向、反向。

生3：出发地点都是甲地或都是乙地；一个从甲地出发，另一个从乙地出发。

师：进一步概括上述同学提到的内容，也就是出发地点分为同地和不同地（异地）；出发时间分为同时和不同时；出发方向分为同向和不同向。

教师板书为：

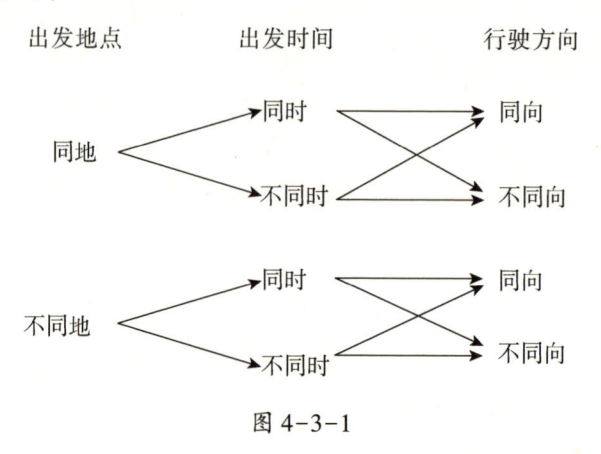

```
出发地点        出发时间         行驶方向

              ┌─ 同时 ─┐   ┌─ 同向
         同地 ┤        ╳   │
              └─ 不同时 ┘   └─ 不同向


              ┌─ 同时 ─┐   ┌─ 同向
        不同地┤        ╳   │
              └─ 不同时 ┘   └─ 不同向
```

图 4-3-1

在教师引导下，学生认可先补充条件，再提出问题的顺序。通过对条件的分类，使学生认识更加清晰、有条理。

师：进一步明确了已知条件，并参考刚才一些同学提出的问题，你能提出自己关心的问题吗？

生1：小轿车从甲地出发，吉普车从乙地出发，相向而行，多长时间相距10千米？

生2：小轿车和吉普车都从甲地或乙地出发，反向而行，多长时间相距10千米？

生3：小轿车、吉普车都从甲地或乙地出发，小轿车出发2小时后吉普车再走，吉普车多长时间追上小轿车，并在小轿车前方10千米处？

……

在知晓条件的情况下，学生结合前面的问题，表达比较完整、深入，如行驶结果是相遇、没有相遇、错过、追上、超过等问题。最后，把问题分类概括为相遇和追及问题，教师进一步完善板书。

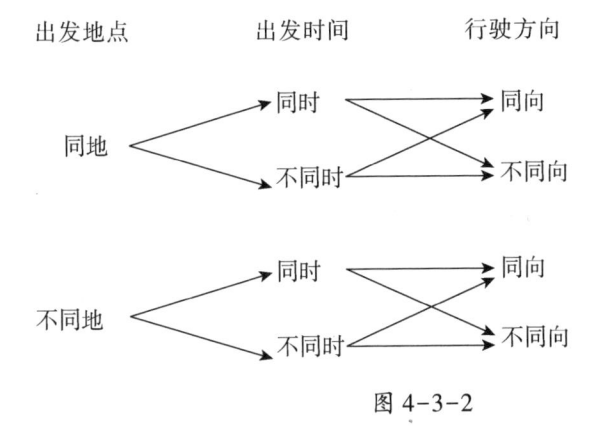

出发地点　　　　出发时间　　　　行驶方向　　　　　　提出问题

同地 → 同时 / 不同时 → 同向 / 不同向

不同地 → 同时 / 不同时 → 同向 / 不同向

图 4-3-2

从已知条件到提出问题，学生的思维经历了一个由浅入深的过程，所有问题都是学生提出的，教师只不过是适时引导，把原本碎片化的、零散的、破碎的知识组合在一起。在这个过程中，学生积极性得到了极大地调动，产生了各种"奇思妙想"，有与教师预设一致的，也有不一致的，但是只要是学生主动思考的就都是有价值的，都值得肯定与鼓励。

活动3：以学生完整表达推动新知的落实。

针对活动2的梳理，教师组织"写一写"，完整地表达一个情境，并进行组内交流。

师：本节课只研究同时出发的情况，不同时的情况作为课后作业。

生1：它们同时从甲地前往乙地，同向而行，吉普车比小轿车早到多长时间？

生2：它们同时从甲地前往乙地，同向而行，几小时两车相距x千米？

生3：它们同时从甲地出发，反向而行，几小时两车相距x千米？

生4：它们同时分别从甲、乙两地出发，相向而行，几小时两车相遇？

生5：它们同时分别从甲、乙两地出发，相向而行，如果相遇后继续行驶，经过几小时两车相距x千米？

生6：它们同时分别从甲、乙两地出发，反向而行，经过几小时两车相距x千米？

生7：它们同时分别从甲、乙两地出发，同向而行，小轿车在前，吉普车在后，经过几小时吉普车追上小轿车？

生8：它们同时分别从甲、乙两地出发，同向而行，小轿车在前，吉普车在后，经过几小时吉普车超过小轿车，且两车相距x千米？

……

通过完整表述培养学生归纳概括能力和表达能力，进一步对分类清晰化，结合不同条件，不同的行驶结果，提出不同的问题。

三、教学效果与反思

课后关于学生课堂参与情况的调研表明，学生在这节课上具有很高的参与度。其中，在课堂倾听上，95.4%的同学可以听懂同学的发言，老师的讲解；在课堂思考上，有93%的同学可以做到比较积极地思考；在提出问题上，34.9%的同学愿意和同伴分享自己的观点，27.9%的同学可以提出问题，但是没有发言（不敢说、怕别人笑话或老师没点名让他说），在开始提问环节有18.6%的同学提不出问题；在课堂氛围上，95.4%的同学认为气氛比较好。

课后学生作业的反馈表明，学生对本节课知识掌握良好。有86.2%的学生可以完整地表达不同时的情境下的各种情况；有6.9%的学生基本可以表达，会遗漏1~3种情况；有6.9%的学生会遗漏4~6种情况；一种都不能表达的为0。

通过本节课课前教学背景分析、课中组织实施、课后数据反馈，让我深深地感受到，依靠学生已有经验，教师设计开放性问题，引导学生提出问题，可以最大化地吸引学生，调动学生的积极性，变被动听讲为主动提问，变被动接受为主动参与，变被动等待为主动出击。每一个活动中，教师只是承担引导、组织、合作的角色，主角是学生。从活动1设计开放性问题，打开学生的思维，到活动2学生自主补充已知，编制问题，再到活动 3 学生完整表达。学生提问贯穿始终，学生活动有序进行，学生思维活跃、表达积极，"以学生为主体"的理念落到实处。

为了让学生能够提出问题，教师要做充分的准备。首先，立足整体把握教学内容。把提出问题、分析问题、解决问题的过程分为两节课。第一节课侧重于提出问题，它是理解问题的前提，分析与解决问题的基础；第二节课侧重于分析与解决问题。其次，要对教学内容精细分析，分类研究。设计开放性问题串联复习；对复杂情境进行分类，化繁为简；分析学生疑难，寻找实践依据。再次，用数据说话。课前调研数据及分析为本节课重难点的确定提供了支撑，实践证明这种做法有利于教师设计出有针对性的、更能帮助学生提出具体问题的真实的课堂。

总之，本节课围绕学生熟悉的情境，通过学生不断发问，让问题从学生的经验中生发出来，师生产生了积极共鸣，营造了民主和谐的课堂氛围，促进了学生数学思维的发展。

参考文献

[1] 中华人民共和国教育部. 义务教育数学课程标准（2011年版）[M]. 北京：北京师范大学出版社，2012.

[2] 夏小刚，国内外数学问题提出教学研究的回顾与反思 [J]. 数学教育学报，2005（3）：17-20.

[3] 韩琴，胡卫平，周宗奎. 国外对课堂教学中学生创造性问题提出能力的影响研究 [J]. 比较教育研究，2007（1）：37-42.

[4] 聂必凯，数学问题提出研究综述 [J]. 数学通报，2003（1）：9-10.

怎样解题
——以"圆中的综合题"为例

刘 凯

> 数学综合题的解决对于学生的核心素养有更高的要求,需要学生更灵活运用数学知识、选择数学方法,同时还需要有敢于面对挑战的勇气和坚持不懈的毅力。数学综合题的教学也需要教师以合适的问题链和呈现方式帮助学生激活知识、形成解题思路,并鼓励学生从自己的直觉出发将探究进行到底。

《义务教育数学课程标准(2011年版)》提出要求:解决问题的教学时,问题的选择要具有一定的开放性和挑战性,便于学生通过自主探索、调查实验、合作交流等方式加以实践;具有一定的数学内涵,体现数学与其他知识之间的联系。

学生数学问题解决能力是指学生根据已有的知识基础、运算能力和分析能力对数学中的问题进行创造性、综合性解决。教师在教学中通过对学生数学问题解决能力的培养,提高学生的能力和素质以及运用知识解决问题的能力。

本文结合一道几何综合题的教学,阐述关于综合题教学的思考。

一、选题说明

本节课所选的题目选自北京2017年中考数学第24题的第二问:

已知:如图(图4-4-1)AB为$\odot O$的弦,E为AB的中点,过E点做OB的垂线,垂足为C,与过A点的切线交于点D。已知$AB=12$,$AD=5$。

求⊙O的半径。

从知识的角度看，解决这道题目需要用到的知识有：圆的半径相等（定义）、垂径定理、圆周角定理、圆中的相似三角形、三角函数、切线的性质定理等，题目涉及的知识点多，综合性强。

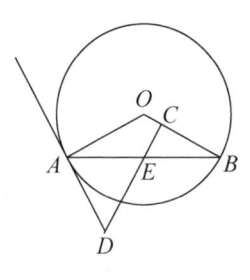

从解决问题的角度看，题目有两个"题眼"：一是"点E是弦的中点"，激活垂径定理（或三线合一），引发连接OE；二是"DA是切线"，引发OA与DA垂直和"$\angle DAE = \angle EOB$"，这两个题眼找到了，题目解决过程就顺利了，但是题目中知识的延伸性强，即由已知条件发散的范围较大，比如，由弦的中点和圆的切线能联想到的知识有很多，作半径的垂线产生的相等的角和有重要关系（互余、互补）的角也有很多，到底哪些知识有用，则需要选择、尝试，一些学生即使能够很好地"唤醒"已知条件，在求解半径的过程中依然会遇到困难，大部分学生依然会束手无策，题目中没有直接可解的直角三角形，没有有价值的相似三角形、全等三角形，"显性"条件已经不能满足我们的需要，需要"创造"条件去解决问题。

图 4-4-1

问题的综合性、解决方法的隐蔽性还会给学生面对问题的勇气、决心和持之以恒的毅力带来挑战，许多学生在思路不明时，不愿意多思考、不愿意画图尝试，而是很快就放弃作答。

二、教学思路的选择

处理综合题的思路有两种方式：教师主导分散难点式；学生面对综合问题自主分解式。

前一种方式中，教师直接将题目中的已知条件逐一呈现，将复杂图形拆分为简单图形，对于学生来说，只面对被教师分解后的简单图形、简单问题，例如通过设计一个学生活动表（表4-4-1）组织教学，教学过程会比较顺利。

表 4-4-1　教师主导下的"圆的综合题"分散难点式学生活动表

	题　　目	问　　题
①	如图，AB 是 ⊙O 的一条弦。	你能发现哪些结论？
②	取 AB 的中点 E；	完成作图；你能联想到哪些知识？
③	过点 E 作 EC⊥OB 于点 C；	完成作图；你又能发现哪些结论？
④	过 A 点作 ⊙O 的切线，交 CE 的延长线于点 D；	完成作图（不必用尺规）；说出作图的方法，并写出作切线的依据。 你还能发现哪些相等的线段或角？加以证明。
⑤	若 AB = 12，BD = 5。	求 ⊙O 的半径。

这样设计的优点包括：

一是图形由简单到复杂，学生易于接受，"干扰"因素减少，已知条件被"唤醒"的机会自然就会增大；已知条件由少到多，问题的入手点低，不同层次的学生都有自己发挥的空间，很容易把学生带入课堂，学生参与度自然也会提高。

二是问题的分析过程有些新意，每个问题都是开放性的，答案不唯一，为不同思维深度的学生提供了发挥的空间，让每个学生都有相应的收获。

三是在问题层层呈现的过程中，复习了相关的重要知识点，并要求答出相应的依据（定义、定理）。

四是在教学过程中，始终重视对学生画图能力的培养，这也是中考要求学生必须具备的数学能力。

这一思路将复杂问题分解为若干个简单问题，降低了学生的挑战性，会带来比较顺利的教学过程，但其缺点也是明显的：设计过程引导性、暗示性很强，未揭示如何将复杂问题转化为简单问题。而学生在独立面对综合问题时，需要的核心能力是将一个复杂的问题分析、转化为简单问题，而每个简单问题代表的就是具体的知识点，因此，几何教学还是要在分析问题、"激活和唤醒"知识点上下功夫，这样的设计恰恰弱化了对学生核心能力的培养。为此，笔者选择了另一种思路：直接让学生面对问题，教师先不做任何提示和引导，而是不断了解学生的思维，启发学生逐步突破难点。这样，解题过程的思维性就增强了，而解题的过程是不断激活和唤醒已有知识的过程，这个过程具有普适性。这样设计，就在几何问题的解决中，培养了学生将一个复杂问题分析、转化为简单问题的核心能力。复杂问题的解决过程是经由分析不断唤醒已有知识进而实现问题转化的过程。

波利亚说过："一位数学教师就有着很大的机会，如果他把分配给他的时间都用来让学生操练一些常规运算，那么他就会扼杀他们的兴趣，阻碍他们的智力发展，从而错失他的良机。相反，如果他用和学生的知识相称的题目来激起他们的好奇心，并用一些激励的问题去帮助他们解答题目，那么他就能培养学生独立思考的兴趣，并教给他们某些方法。"基于此，从培养学生解答综合题的能力的角度出发，笔者决定采用第二种方式。

三、教学过程

上课伊始，通过学案将题目发放，请学生独立思考，自主作答，教师在观察中，发现学生有困难，就开始组织学生交流。

交流1：理解题意与信息挖掘

师：请大家说一说，根据题目中的条件，你想到了哪些知识？做了哪些事？

生1：连接 OE，因为 E 是弦 AB 的中点，我想到了"垂径定理"，可以得到垂直关系。

生2：还可以用等腰三角形的三线合一来解释。

生3：$\angle OAD = 90°$，依据圆的切线性质。

生4：$\triangle OAB$ 是等腰三角形。

师：大家说的都很好，还有没有补充呢？

生：$\triangle OEB$ 有我们很熟悉的"双垂直"图形。

师：大家说的太棒了！你们把显性条件和一些隐性条件找到了，我们一起来进行梳理（如图4-4-2）。

师：大家按照我们挖掘到的知识继续进行思考，看看还能有什么发现？

生：我又发现了图中一些相等的线段和角：$\triangle DAE$ 是等腰三角形，$DA = DE$，两个底角相等！

师：为什么呢？你能给大家分享一下吗？

生：……

图 4-4-2

师：老师和同学们都想知道，你是怎么想到通过角的关系找出等腰三角形的呢？

生：题目中有两个垂直关系，会出现等角或同角的余角相等这样的结论！

师：非常棒！你既有解题的经验，又有知识的积累。我们挖掘出这道题目很重要的隐含条件，条件够多了，也都准备好了，这为后面求出半径打下了基础。请大家结合这个条件，试试看能不能把问题解决。

交流2：解题思路与方法

有了对题目的充分理解，接下来进入解题思路与方法的探索环节，仍然是先让学生独立作答,接下来请学生将其解题思路和方法展示在黑板上。

生1和生2分别在黑板上展示自己解题思路,如图4-4-3所示。

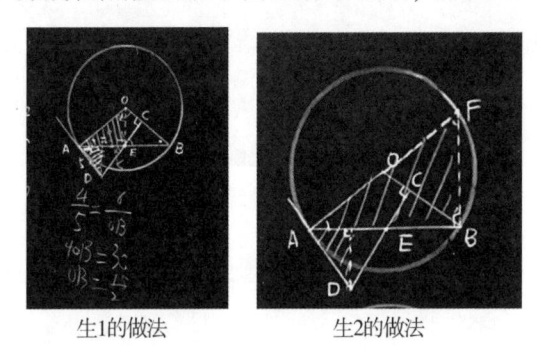

生1的做法　　　生2的做法

图4-4-3

两位同学的具体做法不同,但通过他们的讲解,大家发现思路是相同的:都是通过构造相似三角形,从而求出半径。教师以学生的讲解为基础,引导学生总结和梳理了求线段长的思路和方法,板书如图4-4-4所示。

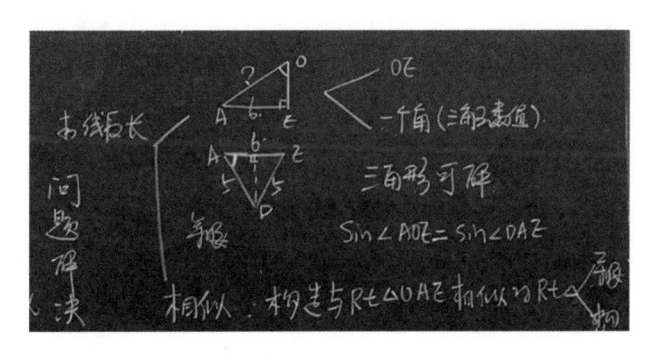

图4-4-4

在分析完两种方法后,老师又引导学生再审视图形,观察还有没有熟悉的重要基本图形,从而利用这个基本图形解决问题。老师引导学生发现一个对角互补的四边形,从而发现△ADE与△FOB相似,根据比例,可以求得其他线段长,见图4-4-5所示板书。

图 4-4-5

结束环节，教师又带着学生回顾题目的多种解答方法及其形成过程，下发分析记录表让学生课下对每种思路的形成过程进行整理，对本节课的知识和问题解决思路进行梳理，进行知识再现和整合，如表 4-4-2 所示。

表 4-4-2　思维分析记录表

	条件	联想到的知识	依据	操作（行为）
知识层面				
问题解决				

四、反思

华罗庚先生指出"学数学而不解题，犹如入宝山而空手归"，解题是学好数学的必由之路，解题也是评价学生的数学水平的重要载体，但是学生解什么样的题目却需要教师慎重思考，不同的解题指导思想会有不同的解题效果，当前的初中数学综合题已经由单纯的知识叠加型转化为知识、方法和能力综合应用型。这就要求教师在教学中，既要重视对已学数学知识的整理，还要重视将知识转化为解决问题的能力的培养，即重视培养学生由已知向未知、由复杂向简单的转换，关注知识之间的联系与转换，帮助学生理清数学知识的内在联系，使学生的数学知识系统化、灵活化。

1. 精心备课，为课堂读懂学生奠定基础

这样的课堂为学生提供了自主探索解题思路的机会，但是教师可能会面对更多的未知挑战，特别是对学生展示出来的思维的判断与解读。为此，教师需要做更为充分的准备，本节课的备课中，笔者就对题目做了较为充分的分析，探索了不同的解题方法，如图 4-4-6 所示，这为课上迅速读懂学生思路奠定了基础，也使得课堂的对话显得流畅自然。

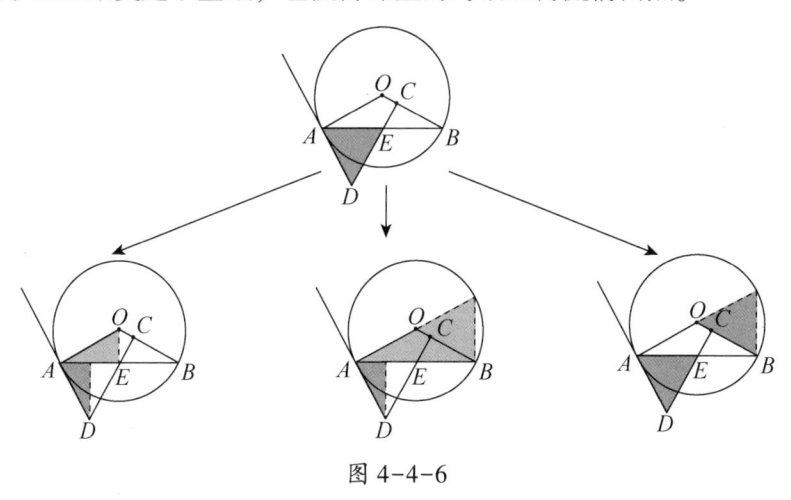

图 4-4-6

2. 设计板书，记录并展示探索轨迹、思维过程

这节课笔者并未利用几何画板演示辅助线的添加方法，而是通过板书（图 4-4-7）充分展示了学生的方法，将理解题意阶段的条件解析、解题思路探索阶段的各种方法都记录在黑板上，意在记录探索过程，为学生内部思维加工提供机会，同时也建立数学知识和方法间有意义的联系。

图 4-4-7

这样的板书整堂课能持续出现在学生的视野中，在回顾总结阶段也提供了重要的线索，对于学生领会数学思想方法也具有重要的作用。

参考文献

[1] 中华人民共和国教育部. 义务教育数学课程标准（2011年版）[M]. 北京：北京师范大学出版社，2012.

[2] 顿继安. 从"备学生"转向"研究学生"——基于学生研究的数学教学 [M]. 北京：教育科学出版社，2015.

[3] 波利亚. 数学的发现 [M]. 北京：科学出版社，1982.

[4] 波利亚. 怎样解题——数学思维的新方法 [M]. 上海：上海科技教育出版社，2002.

[5] 刘春艳. 考试改革背景下数学关键能力进阶培养研究 [M]. 合肥：中国科学技术大学出版社，2018.

一堂跑题的数学课

——兼谈中考备考阶段的学生心理和情绪调控

相慧芬

> 数学教师的第一角色是"教师",对学生学习生活中遇到的非数学认知问题同样要重视,不能"只有数学没有人",更不能"只管分数不管人"。本作品报告了面对初三中考冲刺期学生由于学习生活的单调和学习压力的增大,产生较为普遍的情绪和心理问题时,数学教师对学生给予关注,并通过有效的手段帮助学生调控情绪和心理的过程。

一、缘起:敲门而不入的孔同学

六月的一个下午,初三学生已经进入了中考冲刺期,在办公室伏案阅卷的我忽听有人敲门,便随口应道:"请进!"无人进来,又叫了两声:"请进!!请进!!!"仍然不见有人推门进来。

我起身去开门,孔同学一脸严肃的表情站在门口:"老师,我,我能和你聊聊吗?"话音未落,眼泪就流了下来。想想课表,当时正在上英语课,中考临近,缺课是大忌,第一反应是劝他先回去上课,但他的一番话让我欲言又止:"老师,我现在迷失了自己,没了目标、没了激情、没了斗志,人在课堂心不在,我很痛苦,临近中考也很着急!"说着又开始流泪。

孔同学是从 B 层班转入总体水平更高的 A 层班的,这样的升级起初让孔同学斗志昂扬,成绩显著提升。可是二模之后,我明显看到课堂上的他目光呆滞、情绪颓废,因此我还在全班同学面前批评过他。今天听到孔同学的倾诉，我猛地一惊：这种现象绝非孔同学一人独有。事后我又访谈了部分学生，了解他们的感受，学生的反馈是：模式化训练复习时间太久，没有新东西、新知识的介入，让人觉得乏味；模考太多，应接不暇；学生备考压力大，没有发泄的出口；学生渴望心理辅导和解压。

基于这样的背景，我决定：专门安排一节课，不谈数学不做题，而是与学生做心灵的沟通。

二、沟通：从教室中途换到操场的数学课

上课伊始，我在黑板上写下课题：中考之后你最想做什么？

总能提出让我棘手的问题、引发我深度思考的李同学首先发言："我最想成立我的公司，去将我头脑中的奇思妙想变成现实。"

听到李同学的发言，我想到了他前几天曾经把试卷揉成一团的情境，而这一刻我似乎懂了他彼时的心境，也许是我，不，是考试制度，某种程度限制了这个孩子的思维空间，我好怕因我而使一个未来的发明家陨落了。

刘同学说："我喜欢旅游，我会组织骑行队一路南下，用相机记录下沿途的风土人情，把照片投给报社，分享给更多的人。"

田同学说："我要组建乐队。"金同学说："我要创作班歌，出专辑。"

吕同学说："我要成立拍摄组，整理班级三年来的人和事，拍成微电影。"

"我要做电子竞技解说评论员。"这句话非常自然、平淡地从一位瘦弱、少语的小女孩甘同学口中说出，却让我心潮起伏，我看到她柔弱外表下深藏着一颗无比强大的内心……

课堂上每一名学生都积极发言，这堂课无关对错，五彩缤纷的想法，

让我一下惊呆了，面对平日里似乎很熟悉的学生，莫名的陌生感油然而生。感觉眼前的他们充满激情、富有智慧、善于学习、勇于实践，感觉到每个孩子身上都有无限的潜力有待开发和挖掘。谁是那个挖掘人？谁能在中高考的考试制度下为孩子们搭建更适合的发展平台……三年里，我都没有更好地了解学生，挂在嘴边的读懂学生，也仅仅是落在学科教学里，没有看到学生首先是完整的人。尤其是在中高考面前，更容易让分数遮住我们的双眼，挤占学生放松、娱乐的时间，学生出现厌考情绪也就不足为奇了。

当学生说出那些心里话时，每一句都像小锤一样敲打着我，赶快警醒！我毅然决定教室换操场、桌椅换蓝天草地；试卷换雪糕、巧克力；黑板上的粉笔双曲线变成了草地上的学生双曲线；数学试题换成了中考后孩子们最想做的事。同学们围坐在一起，头顶蓝天白云，沐浴阳光春风，再配上美味雪糕增添的一丝夏日难得的凉意，那些因备考而疲惫的少年瞬间鲜活起来，而我则成为孩子们理想的倾听者、青春激情的记录者。

三、我的反思：做学生情绪和心理的调控者

这堂跑题的数学课没讲数学，为我们紧张又有些乏味的初三备考生活增加些别样的感觉，也许因为有了理想的引领，这一年学生们的中考成绩也异常好。

叶澜教授提出要从生命成长的高度认识课堂，的确，初三中考冲刺阶段的学生，总体上能够将主要精力放在学习中，然而，教师在这段学习经历中不能只管考试、仅仅做学生解题方法的指导者，而是要顾及学生多方面的成长，关注学生多方面的需求，从学生的眼睛里读出愿望，做学生情绪和心理的调控者：当学生精神不振时，使他们振作；当学生迷茫无头绪时，给他们启迪；当学生没有信心时，唤起他们的力量。学生首先是一个人，了解学生的喜怒哀乐，遵循教育教学规律，遵循人的成长规律，教育

才能够真正发生。

这节数学课是跑题了，但课的旋律却对准了学生的需求。正如教育家苏霍姆林斯基而言："在每个孩子心中最隐秘的一角，都有一根独特的琴弦，拨动它就会出现特有的旋律，要使孩子的心同我们讲的话产生共鸣，我们自身就需要同孩子的心弦对准音调，慢慢走进他的内心，循循善诱！"在学生的学习过程中，特别是备考工作中，教师必须关注学生的心理和情绪，与学生共情，教育教学工作才能更有实效性。

参考文献

[1] 叶澜. 让课堂焕发出生命的活力——论中小学教学改革的深化 [J]. 教育研究，1997（9）.

[2] 苏霍姆林斯基. 给教师的建议 [M]. 北京：教育科学出版社，1984.

基于学情认知水平理论的数学课堂教学案例分析

孟庆贵

> 研究学生，了解学生的重要性被广泛认同，但根本困难在于对学生行为的解读，这就需要理论框架，本文根据学情认知水平理论对一节"学生缺失"的课进行分析，并提出教学改进建议，实现了教研员在"关注教"转向"关注学生的学"理念下对区域内教师的整体引领。

美国学者提出的学情认知水平理论，可以用以解释当前数学课堂比较普遍存在的一些现象：在学生不需要教的时候教，在学生需要教师指导的地方指导不到位。本文结合一个具体的教学案例进行分析探讨，并提出教学改进建议。

一、学情认知水平理论及其意义

心理学家奥苏泊尔说:"如果我不得不把教育心理学的所有内容简约成一条原理的话,我会说,影响学习的最重要的因素是学生已知的内容。弄清了这一点后进行相应的教学。"奥苏泊尔所说道理很简单,我国教育界也一直有"备课要备学生"的传承,但是,真正了解学生的已知并非易事,随着从"关注教"到"关注学"的教育教学改革趋势,一线数学教师表现出了强烈的关于学情和学法知识的需求,既有的区域教研活动供给在满足需求方面尚显不足。

那么,一线教师的学情认知情况到底如何?在从"关注教"到"关注学"的转变过程中,他们需要怎样的帮助?本文以美国学者 Fennema 等人提出的学情认知水平理论为框架对一个课例进行分析,以期更为精准地对教学进行诊断,指导教师的教学改进。

Fennema 等人将教师的学情认知情况分为四个水平:

水平一:教师认为除非自己教给学生解决问题的策略,否则学生不知道怎么解决。对学情的认知处于这一水平的教师,教学组织往往以讲授一些具体的解题技能和步骤为主,学生往往以模仿例题、按部就班的方式开展学习或解决问题,他们很少有机会进行真正的问题解决或与他人分享自己的思维过程。

水平二:教师开始意识到学生会将先前获得的知识用于新的学习情境或使用他们自己发现的策略解决问题。如果教师对学情的认知处于水平二的阶段,那么教师往往会创设各种新的学习情境,引导学生使用自己先前获得的知识,寻求解决问题的策略或方法,而不是直接教给学生解决问题的"标准步骤"。

水平三:教师相信学生靠自己解决问题会更有意义,而不是教师先讲解一些解决问题的策略或标准步骤让学生模仿，同时，教师也希望学生能明白他们所使用的那些策略或方法的意义。对学情的认知处于水平三阶段的教师往往会采用各种手段引导学生自主开展学习或让学生先独立地解决问题，并有意识地激发学生的学习潜力，让学生相互交流自己的思维、掌握学习的主动权。

水平四：教师认为学生的数学思维决定教学的进展、决定教师与学生互动的方式，这些教师也知道学生已有的知识是如何与学生数学的理解相适应的，这一阶段的教师更加注意研究学生的思维，并根据学生的思维状况与发展进程灵活调整教学策略和教学组织形式，并且尤其注意采用多种方式开展师生、生生之间的互动和交流，以促进彼此之间的沟通，以便更好地读懂学生。

值得注意的是，Fennema学情认知水平并非静态刻画教师关于学生的知识，而是描述教师在面对教学任务时的表现，因此，有利于分析教师的教学过程。

二、基于学情认知水平理论的案例分析

本文的案例来自某中学的一名青年教师，授课对象是其所在学校的七年级学生，该课为笔者参加视导活动所听的课，通常学校和教师都非常重视视导活动，并精心准备每节课，能够代表教师的较高水平。

课题是七年级上册的"直线、射线、线段"，教学内容包括直线、射线、线段的定义、表示方法与性质，下面结合这节课的几个主要片段进行分析。

教学片断1：概念形成

授课教师首先给出直线、射线、线段定义，之后给出三者的表示方法，比较三者表示方法的异同，再给出图形让学生判断，以便巩固概念。

这一教学片段中的教师表现处于学情认知水平一，教师未顾及学生的已知而直接教。实际上，关于直线、射线、线段，学生在小学已经学过，笔者在一所与授课教师所在学校水平相当的农村学校所做"直线、射线、线段"的课前调查表明：100%的学生都知道直线、射线、线段这些名词，85%的学生能准确画出直线、射线、线段，知道直线、射线、线段各自的端点个数。学生的这种表现理所应当，查阅《义务教育数学课程标准（2011年版）》和小学教科书可知。学生对直线、射线、线段的表示方法以及性质众说不一，显得比较混乱，但是给出直线、射线、线段的表示，学生能把它们顺利地读出来。对于这个表格（如表4-6-1），有80%的学生填写基本正确。

表4-6-1

类型	端点个数	延伸方向	度量	图形
直线				
射线				
线段				

将笔者的调研与教师的教学进行对照，可以看出，学生实际上并没有新的收获，他们只是对讲过的知识做了一下复习回顾而已，没有知识、思维的增长点，学生觉得课堂索然无味也是自然了。

教学片断2：性质探索

"两点确定一条直线"是这节课最重要的内容之一，教师采取了让学生探索的方式。如下是课堂实录：

师：同学们请思考两个问题，也可以动手画图。

①过一点 A 可以画出几条直线？②过两点 A、B 可以画几条直线？

学生画图，交流后，教师请学生展示。

生1：过一点 A 可以画无数条直线；过两点 A、B 可以画一条直线。

生2：不对，过两点A、B可以画3条直线（到黑板展示自己画的图，如图4-6-1）。

谁的对呢？过两点到底可以画几条直线呢？

学生齐答：只能画一条直线。

师：大多数都认为只能画一条直线吧，大家动手画图就能体会到了。

教师板书：经过两点有一条直线，并且只有一条直线。（老师在"有"和"只有"下边画着重号）简述为：两点确定一条直线。

图4-6-1

从教的角度看，教师让学生自主探索的活动应该属于"课中调查学情"的活动，但是面对学生的不同答案，教师却仅仅关注了结果的对错，而未关注学生不同答案背后的思维，这是学情认知水平二的表现，教师给了学生探索的机会，却对学生可能出现的困难未有预料，实际上，学生小学对直线的学习属于直观认识，未接触过"过一点A""过两点A、B"这样的问题，分析出现错误的生2，并非"动手画图不能体会到过两点A、B只能画一条直线"，而是误解了"过两点A、B"的含义，未能将其理解为"既过点A、又过点B的直线"，而是将其理解为"过点A或过点B的直线"，这是发展学生辨析精密严谨的数学语言逻辑的机会，如果教师认识到这一点，就会追问生2"为什么认为这三条直线都是过两点A、B的直线"，在生2表达出自己的理解后引导其形成对数学语言的正确理解。

教学片断3：点与直线的位置关系

与教学片断2一样，教师希望学生探索出点与直线的两种位置关系，他提出的问题和布置的任务是：

那么点与直线有几种位置关系呢？（出示PPT问题）现有一点P和一条直线a，你能画出它们的位置关系吗？

老师出这道题的本意是为讲点和直线的位置关系这部分内容做准备，希望学生画出点在直线上和点在直线外的情况，结果全班 36 名学生画出的图形只有这三种情况（如图 4-6-2，4-6-3，4-6-4）：

图 4-6-2 　　　　　　　图 4-6-3 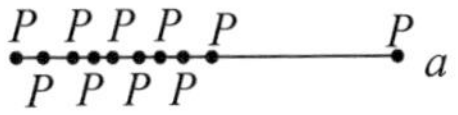　　　　　　　图 4-6-4

全班绝大多数学生画的是图 4-6-3 这个图形，显然教师对此感到失望。

师：点 P 只能在直线上吗？

师：××同学是这样画的（展示图 4-6-3），大家同意吗？

学生沉默。

师：就只有这样一种位置关系吗？

学生仍然沉默，表现出一种迷茫。

师：××同学是这样画的（展示图 4-6-2），有问题吗？

学生齐答：不对，他画的是射线。

师：××同学是这样画的（展示图 4-6-4），有问题吗？

学生：不对。

师：不对，他画的所有情况都是点在直线上，点与直线的位置关系除了这种，还应该有点在直线外的情形吧（教师画图）。

与教学片断 2 一样，这一片段教师也给了学生探索的机会，这可以看成是"教师在教之前先了解了学生的学"，两个片段中学生也都表现出了错误的理解。然而，与教学片断 2 大多数学生正确不同，教师能够借助学生的正确答案将课堂引入自己理想的方向。这一片段中学生的答案都不理想，教师希望通过追问，让学生修正答案，但效果却不理想。

这段教学过程仍然表现出教师处于学情认知水平二，与较高水平的学情认知水平三中教师希望学生能明白他们所使用的那些策略或方法的意义相比，处于学情认知水平二的教师缺乏引导学生对自己解决问题的方法和策略的分析，而仅仅关注学生的方法或答案。

三、案例引发的思考

在世纪之交启动的数学课程改革中，以"尊重学生的主体地位"的理念要求教师从自己的教转向学生的学，但当今数学课堂中，因为不了解学生而使得教学不畅、低效的情况比比皆是。笔者通过课堂观察也印证了这点，而上面的案例总的表现则具有代表性，三个教学片断所展示的教师学情认知水平都较低，如下表（如表4-6-2）所示：

表4-6-2

教学片断	教师表现	学情认知水平
片断1	未给学生机会展现，直接教知识	水平一
片断2	给了学生展现理解的机会，但表现出对学生的错误理解的漠视	水平二
片断3	给了学生展现理解的机会，但表现出对学生错误理解的漠视，甚至敌视	水平二

教师较低的学情认知水平，会使得教师在不需要教的地方教（如教学片断1），也可能会使得教师在学生需要教师帮助的地方没有进行帮助（如教学片断2和教学片断3），前者会使得课堂变得枯燥乏味，后者则会影响学习的实效性，这种情况的累积则会导致学困生的产生。

当前数学教学实践中，鲜有老师像教学片断1那样直接将知识教给学生，教学片断2和教学片断3的情况则较为普遍：教师为学生提供了自主探索、展现理解的机会，然而，当学生的表现出乎预料时，教师的学情认知水平高下立现。当学生出现错误时，虽然教学片断2和教学片断3表现出顺利和僵滞两种不同情形，但顺利和僵滞的原因都在于学生的表现，而非教师作用的有效发挥，教师掌握的引导学生的手段不够有效，有效引导手段的缺乏在教学片断 2 中由于接下来学生给出了正确的答案而被遮蔽，但是在教学片断 3 中，则出现了"启而不发"的僵局。

教师的学情认知水平与对学生的有效引导策略互为里表，帮助教师形成有效指导策略的过程也将与教师的学情认知水平的提升同步。根据学情认知水平理论，如果教师具有较高的学情认知水平，除了能更为正确、积极解读学生的表现外，还能关注学生解决问题的策略的意义。以教学片断 3 为例，高学情认知水平的教师会认识到学生是将点与直线的位置关系理解成了点在直线上的不同位置，这并非错误，在数学上，"点与直线的位置关系"指的是点在直线上和点在直线外两种情况，但是这是经过抽象了的数学学科知识，学生需要的是将点在直线上的不同位置都看成点在直线上的抽象过程。如何完成这一过程？需要更为细致地解读学生的思维：画出图 4-6-2 和图 4-6-4 的学生在考虑特例——点在直线的"端点"，显然这是学生对于直线的误解，如果教师关注到此，在此会请学生讨论："图 4-6-2 和图 4-6-3 的不同是什么？"通过讨论，学生会认识到图 4-6-2 所画点 P 的左侧直线可以延伸，从而认识到图 4-6-2 和图 4-6-3 本质上是一样的，再通过图 4-6-4 认识到直线上的点无穷多、画不完，这些点的共同特点是都在直线上，进而追问"是随便画一个点都在直线上吗"，自然会产生点在直线外的情形，这样的教学从学生的已知、困难出发，走向新知。

参考文献

[1] 施良方. 学习论 [M]. 北京：人民教育出版社，2000.

[2] 李万峰. 让区域教研供给真正满足一线教师需求——基于北京市通州区 2198 名中小学教师的调研分析 [J]. 中小学管理，2018（7）：34-37.

[3] 蔡金法，许世红. 教师读懂学生什么——认知导向的教学 [J]. 小学教学（数学版），2013（9）：4.

[4] 顿继安. 从"备学生"转向"研究学生"——基于学生研究的数学教学 [M]. 北京：教育科学出版社，2015.

第五章

专题研究

在教学中出现的很多问题并没有现成的答案，在课程改革的背景下，这样没有现成答案的问题则更多，教师只有通过自己的研究探索才能有效解决这些问题，如果及时反思总结，还能为同行提供经验或启发。

教师的研究有时候被纳入了正式立项的各级课题，工作室的老师们都参与了区级以上的课题，但也有许多甚至更多的研究并没有立项课题的"名分"，而是随着日常教学工作的进行自主开展的，相应的成果来自教师的及时记录、总结、提炼，能够起到改进教学、发现规律和让自己对职业生活产生更美好体验的作用。

本部分选择的四个专题研究成果的选题各有特点。有的是对教研工作的探索，有的是对课程改革背景下出现的诸如现实情境、数学阅读、新定义问题的教学探讨，实际上，教学中的任何问题都值得研究，且由于教学是个整体，因此从一个点出发的研究往往会产生对教学认识的多个方面的影响。

数字化学习背景下的初中数学教研探索

孟庆贵

> 教育部《关于加强和改进新时代基础教育教研工作的意见》中，指出"教研工作是保障基础教育质量的重要支撑"，通州区数学教研组把握区域数学教育发展的新形式，针对区域教育面对的新问题，充分整合各方资源，通过创新教研工作方式，在推进课程改革、指导教学实践、促进教师发展等方面，发挥了十分重要的作用。本研究主要报告了以数字化学习为背景的教研探索。

随着信息的数字化水平的提升以及互联网技术的飞速发展，初中生的数学学习和教师的专业学习都有了一些时代的特点。为此初中数学教研也要做出必要的调整，以更好地服务于一线教师的教和学生的学，而通州区在成为北京城市副中心之后，软、硬件资源的跨越式发展，使数字化教研具有了可行性，也具有迫切性和必要性，我们在教学资源建设、教研方式转型和教师学习环境的建设三个方面开展了一系列的探索。

一、教学资源建设

教学资源的建设既包括服务于教师教学的资源，也包括用于教师自身的学习资源的建设。"互联网+"的环境下，教学资源的形式更为丰富，内容更加多样。教学资源的形式归纳概括为四类：文本资源、课件资源、视频资源和音频资源，而教学资源的内容大致分为三类：教师专业素养提升类、教学直接应用类和辅助学生学习类。

（一）教师专业素养提升类

教师专业素养提升类，我们又把它分为：1. 教育教学文件类；2. 数学学科知识补充与视野拓展类；3. 学生学习心理类；4. 新的教学思想、方法类。

1. 教育教学文件类

关于教育教学文件类，一线的教师们更多的是关注学科课程标准。对于各级各类的教育教学文件关注不够，总觉得那些都是距离自己的课堂教学很远的东西，教育教学中很少能用得上。然而在以往正式的教研活动中，由于活动时间的限制，教研员也只能是对相关文件做简明扼要的转达，很少引导教师关注和解读这些文件。但是有了"互联网+"的环境，我们可以将一些能够提高教师教育教学站位的文件提供给教师阅读，并通过对文件的解读以及群组内教师的讨论交流，促进教师的数学课堂教学改革。例如：2019年6月23日颁布的《中共中央、国务院关于深化教育教学改革全面提高义务教育质量的意见》中，关于课堂教学，给出了非常具体的建议：

优化教学方式。坚持教学相长，注重启发式、互动式、探究式教学，教师课前要指导学生做好预习，课上要讲清重点难点、知识体系，引导学生主动思考、积极提问、自主探究。融合运用传统与现代技术手段，重视情境教学；探索基于学科的课程综合化教学，开展研究型、项目化、合作式学习。精准分析学情，重视差异化教学和个别化指导。

这是中共中央、国务院的文件，对课堂教学给出如此细致、具体的意见，作为国家教育政策落地的推动者，在教研活动中势必要及时传达，并按照文件精神指导实践。

再比如，北京市下发的《北京市儿童青少年近视防控十条措施》，其中要求"教师使用电子屏幕开展教学时长不得超过教学总时长的30%"。作为教研员，首先要通过各种渠道把文件转发到老师的手里，提供给教师阅读观看。一方面教研员要提醒一线的老师们在课堂教学中多加关注、实施。另一方面，要引导教师们对使用多媒体的教学做出更为有效的探索，充分发挥多媒体的辅助功能，让多媒体在一线课堂中真正起到辅助教学的作用。

2. 数学学科知识补充与视野拓展类

比如"分数和无限循环小数为什么可以互相转化""世界上第一个证明 π 是无理数的方法""北京大兴国际机场画面的几何赏析"等，这些都不是初中数学必须教的内容，但是作为数学教师如果对此有所了解，会更好地领悟知识之间的内在联系，关注生活中的数学。教师只有用数学的眼光看世界，才能更好地引导学生用数学的眼光看世界。

3. 学生学习心理类。

在教师从关注教师的"教"转向关注学生的"学"的教学改革的背景下，教师把握学生学习心理以及学生注意力的问题尤为重要。为了引导教师关注学生的学习，我们有计划地为教师们精选一些关于学习科学的材料。如："12条脑科学建议""教师必须交给学生的六种学习策略""心理学教授探索孩子的内驱力""最终归纳为五个原则"等。并通过相关平台，对学生进行注意力和学习心理的问卷调研，通过调研的大数据，分析学生的注意力问题，进行有针对性的教学设计。为教师理解学生、落实"以学生为本"奠定知识基础。

4. 新的教学思想、方法类。

作为教研员必须要有敏锐的触角，有勤于学习的精神，教研员应该站在教育改革的最前沿。教研员更要注意通过学习和与专家接触，了解教育改革的最新动态。同时把相关前沿文章推荐给老师们阅读学习。比如：《深度学习：走向核心素养（学科教学指南·初中数学）》《问题驱动的中学数学课堂教学：理论与实践卷》《初中数学单元教学设计指南》等。引领教师紧跟教学改革的步伐，不断提升课堂教学中的实效。

(二) 教学直接应用类

直接应用于教学类的资源包括供教师直接用于课堂的教学资源和供教学参考的教学案例资源。教学资源又包括课堂可直接借鉴用的素材（情境与问题）和各类测试题，而教学案例资源则包括优秀教学设计、课堂教学实录以及优秀的微课，等等。

（三）辅助学生学习类

辅助学生学习类资源包括：章节练习题、单元阶段测试卷、重点知识要素的微课、阅读材料、网上"双师服务"等。

在不同的区域里，学生情况不同，每位教师教学风格不同，网上的"微课"不一定适合自己的学生，因此，我们要求教师自己录制"微课"推送到相应平台，提供给自己的学生学习使用。比如，通州区的一名年轻教师在讲全等三角形复习课之前给学生推送了一个微课，目的是唤起学生对全等三角形知识的记忆，为提升全等三角形复习课的实效起到了很好的作用；期中考试过后，一位教师把试卷上学生感觉难度比较大的题目做成即时"微课视频"，及时上传到学生和家长群里，为学生及学生家长分析、解惑，教师还将视频同时发到教师群中供其他学校教师学习、借鉴。

在学生学习资源中，我们还为学生提供核心素养学习手册，并且在手册中给重点知识、难懂知识、易错知识标好二维码，学生可以在学习使用核心素养手册的过程中随时扫码观看微课，解答疑惑。

积极引导师生充分利用各种资源，比如，通州区引进了北京师范大学未来教育高精尖创新中心"智慧学伴"教育公共服务平台，上面设置了"问答中心"，学生可以在上面提出问题，随时有老师为他们解答，并诠释解题需要的知识点，以及解题思路。同时学生还可以通过"好双师"服务平台，采取提前预约和连线在线教师的方式，参加"一对一"的学习指导。另外，平台上还有"一对多"的课堂在线预约学习指导。学生学习的灵活度非常高，平台也非常广泛。

二、学习资源建设中的资源来源

当今世界是不缺学习资源的时代，但是教研员自身必须有收集、选择、鉴别资源的意识，为教师们做好专业支持。资源的来源主要有三种。

（一）主动关注新的资讯。

教研员作为区域学科教学的带头人，需要开放的视野，所以会有意识地多关注相关资讯。教研员会有更多的机会与外界的专家接触，获得更多的信息和资源。同时本人也乐于为一线教师们筛选、鉴别使用资料。比如：读到《基础教育课程》杂志上的一组关于单元教学的文章，正是教师们特别需要的，就及时与区里的教师们分享。再比如，海淀区教研员、北京市正高级教师张鹤老师的微博、公众号中，经常会发布一些课例分析的文章，我们也会及时推送给教师们。

（二）及时解惑释疑。

对于自己在教学视导等教研活动中发现的教师课堂教学中存在的普遍问题，或者教师关注的热点问题及教学困惑，考研员都会及时给予解答，还会帮助教师查找资料，咨询相关专家提供支持帮助，为教师提供解决问题的意见和支撑的理论。

比如，有一次我到我们区的一所中学视导听课，当时的课是"直线、射线、线段"，通过对课堂教学存在的问题进行分析，我发现教师对学情的认知不足，教师过于重视知识的结果而忽视学生活动体验的过程，导致课堂教学低效。于是我以此次课为例，撰写了《基于学情认知水平的教学案例分析》（该文发表于《中学数学教学参考》）。并将文章发给全体教师，老师们阅读了这样针对性很强的文章后，都觉得很受益。

（三）教师自己在线学习或者交流学习内容。

老师们经常将自己教学中的体会和困惑分享给其他教师，在线交流，而作为教研员，我们就需要结合教师的需求和疑惑，查找资料，向专家求证、请教，请专家为老师们答疑解惑。图 5-1-1，图 5-1-2 是老师们在线交流的一些内容。

北京二中通州校区刘继成 08:52
1.纪律意识不强；2.注意力集中程度比较弱；3.缺乏自我管理意识，或者自我约束能力差；4.放任自己错误的行为；5.吸引老师或同学的注意力，过度表现自己。

六中张春玲 08:53
平时都对，一考试就错，有两个原因，一是确实知识技能不熟练；二是考试过于紧张，过于在乎分数

北京二中通州校区 焦洁 08:53
1、自控能力差；2、考试焦虑，没有自信；3、厌学，对学习不感兴趣，在学习中找不到乐趣；4、唯我独尊

图 5-1-1

通州区第二中学张丽 08:56
学生在学习中得不到成功体验，久而久之不自信，失去学习兴趣

马驹桥学校—谢宁 08:56
2考试焦虑

六中张春玲 08:57
孩子考试焦虑，过于紧张，对自己的评价不客观，考好了就过于高估自己，没考好又特别低估自己

图 5-1-2

图 5-1-3，图 5-1-4 是通州区各学校备课组长研学群交流分享月考试卷和单元检测试卷的记录，在群中交流提升，反思试卷命题的不足和教学中存在的问题，互联网背景下教师们可以通过各种"群"、各种"会议室""直播室"交流、分享资源。

图 5-1-3

图 5-1-4

图 5-1-5，图 5-1-6 是我在北京市中小学教师开放型教学实践活动管理服务平台讲授的开放型实践课。北京市中小学教师开放型教学实践活动管理服务平台的开放型实践课提供给一线教师自主选课学习，形成全市交

流、提升的资源空间。教师在参加完北京市中小学教师开放型教学实践活动课之后,要对开放课和授课教师写出评价与教学反思,听课教师与授课教师课后收获都很大。每次活动后,教师都非常认真地写评价与反思,授课教师得到了鼓励和肯定。

图 5-1-5

图 5-1-6

三、教研方式的转型

教研的任务是促进教师的学习,而"互联网+"的背景为教师学习方式的改变提供了非常重要的条件。一方面教师获得学习资源的途径多,另一方面,今天的数学教师承担的任务和责任远比数学教学要多得多。新时代和新课改也对教师的教育教学工作提出了更高的要求。因此,教研就更需要充分利用"互联网+"的条件,改变教研方式,促进教师学习方式的转变。

(一)开展远程教研

通州区成为北京市的城市副中心,专家频繁到校指导,教师还要参与"手拉手"项目、支持农村发展项目等,教师可控时间变少。通州区南北区域线比较长,教师聚集到通州区教师研修中心参加活动比较困难。作为本土教研,为了避免教师的路途奔波,浪费教师的宝贵时间,我们选择开展多种形式的网络远程教研。

每次远程教研,提供给教师参加教研活动的参加码,教师按时登录,即可参加教研活动。通州区的教师手机上都有几个相应的 APP,老师们随时可以在网上学习、交流。

远程教研的内容既有常规内容，也经常会有教学实践中为教师需求而设计的内容。图 5-1-7，图 5-1-8 是结合教师反映的问题以及教学视导中发现的问题，请心理专家和数学教师一起，进行的一次题为"中学生心理特点及跨学科研究"的网上互动交流的讲座。讲座中，专家提出问题，教师思考并互动回答，教师们也提出教学困惑和问题，专家答疑、指导。

图 5-1-7　　　　　　　　图 5-1-8

如图 5-1-9，针对北京市中高考数学考试的改革，开展了线上线下相结合的教研活动，先通过网络教研平台聘请这方面的专家进行线上专题讲座，随后再请专家深入一线课堂进行线下教学指导。

图 5-1-9

远程教研同样可以以课例研究为载体。北京教育学院团队对北理工附中通州校区开展了一次研究课活动，一线教师在专家的指导下进行教学设计、课堂观察。专家们通过远程的方式了解课堂，并进行交流。为了提高研究课的有效性，在授课之前专家给所有参与听课的教师布置观察任务，让老师带着任务进行观察、思考、分析，使每一位听课教师都深度参与课堂研究，下面是一位听课教师带着任务听课后的观察分析，以及对学生进行访谈的记录，这既是在引导教师们观察学生、研究学生，同时也为后面的研讨提供了更为充分的信息。

课堂观察记录：

"阅读实际问题材料，完成表格"任务，本组6名学生的完成情况：

正方形的面积/dm²	1	9	16	36	$\frac{4}{25}$
正方形的边长/dm	1	9（错）	4	6	学生不会

访谈学生：

第二个空填"9"的有两个学生，经过询问，一名学生说是看第一个空填"1"，发现上下数值一样所以填了"9"，之后也没有检查；另一名学生说，1×1=1，接着1×9=9，所以就填了"9"，我问他第三个空为什么不填"16"，他说因为没有这样的口诀，所以想了想填了"4"。这两个学生第三个、第四个空都填对了，并且在被指出错误后，都能自己改正。

分析：他们犯的不是知识型错误而是思维型错误；他们潜意识里进行了找规律，但脱离了文本的引导和问题的指向，单就找规律而言，归纳又太片面，不注意规律的普遍性。这样的学生有一些数学感觉，但是毛躁，不慎思，需要引导他们养成慎思和检验的习惯。

第五个空只有一个学生答对，其他学生说不会。我引导他们，让他们计算 $\left(\frac{2}{3}\right)^2=?$

学生基本都会计算，并且立刻有三个学生会填第五个空了，另外两个稍慢一些，但也会了。提示之后能正确计算，说明他们犯的是知识型错误；学生习惯整数平方，所以也容易接受其逆向思维出结果，但分数、小数他们还很不熟悉，以后需要多练习，多巩固。

图 5-1-10

(二) 教研精细化水平的提高

如果说远程教研主要解决的是教师供学矛盾问题的话，那么教研在精细化水平方面的提高，则让教师更加准确地发现教学的优势和不足，提高了教研的针对性。

下面三个图片展示的是通州区教研中心借助北师大未来教育高精尖创新中心推出的"听课本"的使用，为评课指导提供了数据支持。图 5-1-11 是以一位教师的课堂教学行为的统计为基础给出的结论性的综合评价，教师行为占有率 32%，学生行为占有率 68%，学生行为和教师行为分配合理，属于混合型教学的模式。

图 5-1-12 是对教师提问的问题类型、教师挑选回答问题的方式、学生回答的方式以及教师回应的方式等数据的同步阐述。如图 5-1-13 所示，教师提出的问题中"是何类"的问题占 50%，"如何类"的问题占 37.5%，"为何类"的问题占 12.5%，"若何类"的问题是 0。教师需多提出能调动学生深度思考的"若何类"问题。

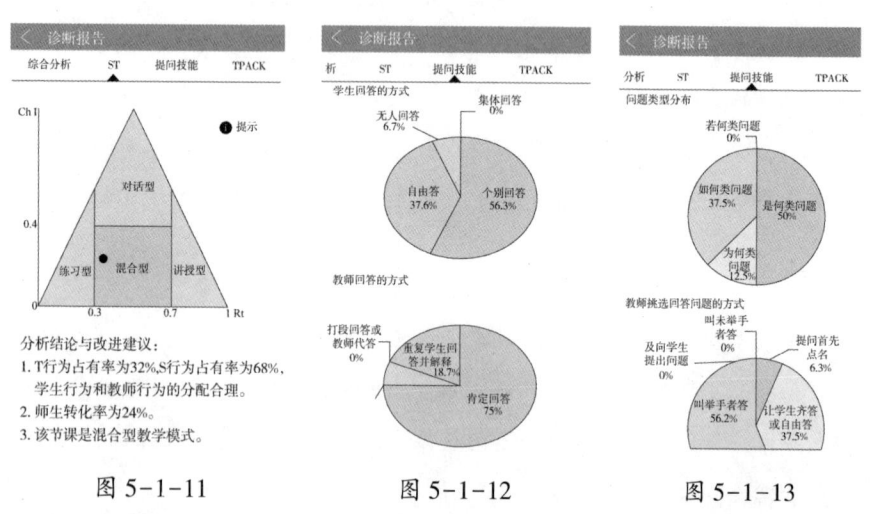

图 5-1-11

图 5-1-12

图 5-1-13

数字化教研还为教师的参与提供了更多的机会。在一所偏远学校开展的一次远程研究课中，听课的教师随时对课堂教学活动进行记录和评价。

一位听课教师对这节课的这样评价：通过展示，学生展现了不同的思路与方法，思路清晰、语言规范，在学生展示后，教师进行总结，引导学生归纳每种辅助线添加的思路，让学生感受添加辅助线是为全等构造条件，整堂课让学生充分展示，学生参与度高，通过习题及小结的反馈，学生对辅助线的理解更加深刻，收获颇丰。

实践表明，这种形式更有利于教师积极参与教研。一位新入职的教师对本节课这样评价：本节课重点、难点突出，整节课围绕一个主题进行，稳步推进。添加辅助线对学生来说是一件非常困难的事情，学生不知道如何添加辅助线，在雷老师的带领下学生代表进行自己的做法分析，并分享思路，其他同学来猜测并分析学生代表使用的方法，让学生更好地去理解为什么要这么做辅助线。我们在教学改革方面下了很大功夫，平日不善言谈的一位男老师对本节课这样评价：体现老师主导，学生主体的一节课，非常棒！添加辅助线构造全等三角形本身对学生来说就是个难点，学生对于如何添加辅助线感到非常困惑，雷老师真真正正解决了这个问题，受益匪浅。说明雷老师在平时下了很大功夫，渗透了很多添加辅助线的前提条件，学生整节课精彩的表现造就了很多亮点，画图规范，语言表达到位，思路清晰，参与积极，学生这节课后对数学的学习会更加自信。

> 雷义静老师您好！本次课共有60位教师参与，经分析各位听课教师的观察记录得出：您的教学特色是评价（20人）、合作学习（19人）、评价方式（19人）、课堂秩序（19人），有待改进之处是生生交互（1人）。
> 您的TPACK知识与技能分值是：92（原105.1），"教研空间"中本节课其他执教教师的TPACK均值是90.2。

图 5-1-14

听课教师的这些评价数据也会及时得到分析，如图 5-1-14 所示，为教师们更为深入地认识问题提供参考，同时这些数据会保留在平台上，每位教师都可以随时查阅自己和他人的评价，供教学借鉴和反思。

四、学习环境的建设

通州区教师研修中心专门就本区的 2 198 名中小学教师做过一次调研。以调研为基础,提出了区域教研应基于教师需求,形成具有前沿引领与实践取向的教研内容,建立分层分类的教研供给机制,创造具有交互性与生成性的教研方法,而数字化学习背景则为满足更多教师的需求提供了支持。在建设人人皆学、处处能学、时时可学的学习型环境方面做出了尝试。

(一)创建显性可见的学习环境,让每位老师都有学习交流的空间

特定教师群体的微信群建设,为交流和学习提供便利,推荐各类有意义的公众号及丰富的资源。特定教师群体的微信群包括:初中各年级教学群、备课组长群、教研组长群。特殊群体教学群包括:青年骨干教师群、市级骨干名师工作室群、"新蕾杯"新教师培训群、"启航杯"新教师群等。

专门为农村学校和规模比较小的学校教师搭建一个教师学习、交流、借鉴的平台。为每个阶段的教师搭建学习、交流、借鉴的平台,让每位一线教师都有学习研讨的空间。

为不同的群及时发布一些适切的学习资源和信息,组织教师观看网络直播的讲座、比赛、优质课观摩等,为老师们进行跨时空的学习提供机会。我们为市、区级骨干教师工作室的老师们推送在上海召开的学术会议的链接,让带领团队开展研究任务的教师们深感受益。图 5-1-15 是观看了"中式课例研究:基于教研活动的磨课研究"的一些教师写下的反思和感受。

图 5-1-15

（二）创建隐性不可见的学习环境，让每位老师都有可以用的空间

有了学习的空间，并不意味着老师们真正会利用好。"互联网+"时代，资源的获取非常容易，但是让资源或者平台真正地为老师所用，使之成为一线教师学习的乐园，还需要我们对教师加以引导，有意识的建立学习共同体。

首先是资源、资讯要丰富多样，不拘泥于数学教学，让平台更具吸引力。图 5-1-16 是北京教育学院顿继安教授带领的通州区骨干教师名师工作室的成员孙宝英老师，在工作室学习后的感悟。孙老师是一位市级骨干教师，认为自己的数学教学遇到了瓶颈，工作室的导师，顿继安教授给予了她极具针对性的指导和资源推荐，学习后孙老师发表感悟："真的学到了很多东西！个人专业方面的，还有人生观方面的，治学态度方面的，等等。特别受教，感谢顿老师、孟老师还有工作室的各位。我感觉自己的瓶颈期和倦怠期就要度过了，至少可以看到未来了。"丰富多彩的资讯和学习交流，让青年教师、骨干教师等学有所获，焕发光彩。

图 5-1-16

其次，要主动组织和引导交流，让每次活动不只是参加，更要深度参与，所以每次活动都组织教师积累沉淀，记录自己的学习心得以及智慧教学故事等，特别是发挥优秀教师的带头引领作用，让区域优质教育资源共享。图 5-1-17 是"新蕾杯"新教师群里教师对推送的文章写的自己的读后感和教学反思。

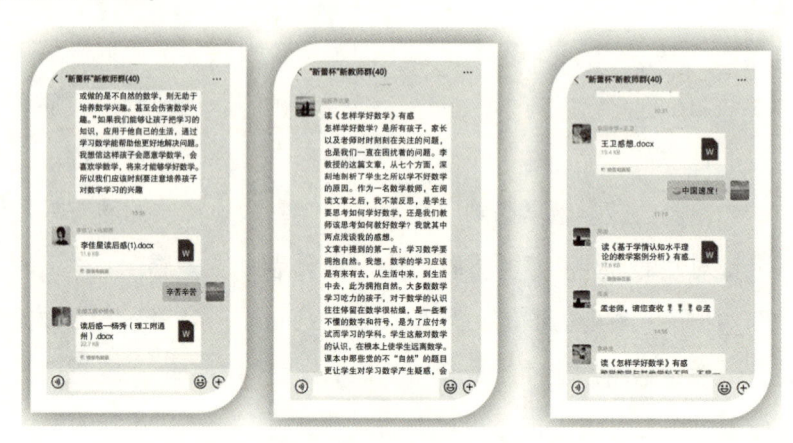

图 5-1-17

图 5-1-18 展示的是要让教师们成为环境的主人，鼓励教师们将自己发现的好资源与同行分享，将自己在教学中发现的问题、困惑和感悟进行交流，也将自己得意的教学设计以及好的智慧教学故事、学校月考试卷等与同行分享，让跨越时空的学习共同体真正形成。

图 5-1-18

五、结语

作为一名教研员,我们的初心就是促进党的教育方针政策得以落地,为一线教师教学服务,为一线教师筛选和提供优质的学习、应用资源。随着互联网技术的飞速发展,教研员更要成为先行者,调整教研供给,适应时代发展,做教师需要的教研,做教师渴求的教研。

参考文献

[1] 中共中央国务院《关于深化教育教学改革全面提高义务教育质量的意见》,中华人民共和国教育部政府门户网站.

[2] 教育部关于加强和改进新时代基础教育教研工作的意见.教基(2019)14号.

[3] 孟庆贵.基于学情认知水平的教学案例分析[J].中学数学教学参考,2019(26):73-75.

指向初中生数学阅读能力培养的教与学问题透视

相慧芬

> 中共中央、国务院关于"深化教育教学改革全面提高义务教育质量"明确要求"教师课前要指导学生做好预习",这实质是将学生的自学能力作为国家层面的要求,需要每位老师都重视这种对于学生的终身发展来说非常重要的能力。自学主要是能够独立阅读文本材料进行预习,因此,数学阅读能力就作为数学自学能力的基础,本研究从教和学两个视角对初中生数学阅读能力的现状和原因进行了探析,发现了一些有意义的结论。

一、问题的提出

自从有了文字,阅读便成为人类获取知识的非常重要的途径之一,而人一旦离开了学校这个特定的场合,获取新知识的途径也主要是阅读。在当今这个知识爆炸的时代,"学会学习"的重要性远远超过学习到的具体知识。因此,阅读能力对一个人的终身发展就显得至关重要了。

在语文、英语等学科中,阅读能力是一项学科专业能力,在这些学科的考试中,"阅读理解题"也是占比很高的题目,但是,阅读绝非仅仅是语文、英语等学科需要的能力。实际上,由于"阅读是阅读者通过自身已有的知识和书面语言所呈现的信息以及阅读情境进行互动,从而建构意义的过程"(李宝荣,2015),所以,凡是需要借助书面语言获取信息和建构意义的活动都是阅读活动。对于数学学习来说,就完成书面作业和考试而言,由于题目都是以书面语言(包括文字语言、符号语言和图形语言)的形式出现的，因此阅读能力也是很重要的。更何况，就获取知识的途径而言，学生人手一册的教科书非常便利，如果学生有阅读能力，许多知识是完全可以通过自学获得的。事实上，大多数数学家都是通过自学也就是阅读才能迅速站在学科的前沿，只不过有的数学家的自学之路起步早，如华罗庚，陶哲轩，更多的数学家则是成为硕士、博士乃至专业的研究者后开始自学的。

正是基于阅读对于一个人终身发展的重要性，《义务教育数学课程标准（2011年版）》中，在教材编写、评价、教学等多个方面都提出了与阅读有关的建议。例如：关于教材编写，提出"应当开发多品种、多形式的数学普及类读物，使得学生在义务教育阶段能够有足够的机会阅读数学、了解数学、欣赏数学"；关于教学，提出"对于学有余力并对数学有兴趣的学生，教师要为他们提供足够的材料和思维空间，指导他们阅读，发展他们的数学才能"；关于评价，提出"根据评价的目的合理地设计试题的类型，有效地发挥各种类型题目的功能。例如，为考查学生从具体情境中获取信息的能力，可以设计阅读分析的问题"。近年的北京市中考数学试卷中，对数学阅读的要求越来越高，这种高要求有的表现在情境、对话式的题干上，例如2015年的北京市中考数学第27题，有的表现在给出新定义让学生自己去理解上，还有的直接表现在大量的文字叙述上。例如2015年北京市中考数学的第25题，所考查的统计知识并不难，但是题目的文字量多达552字，如果学生不具有阅读能力，其单纯对知识的理解将毫无用武之处。

数学阅读能力很重要，那么，在当前的实践中，从数学阅读能力培养的视角看，教师的教和学生的学各自存在着哪些问题呢？本文将对此进行探讨。

二、影响学生数学阅读能力发展的教的视角分析

通过研究，笔者发现，当下初中数学教学中对数学阅读的重视尚未与

课程改革的要求相适应。

　　首先，主流数学教学中对阅读的不重视导致学生阅读兴趣和阅读习惯的缺失。当今的数学教学中，教师主要注重的是自己怎样引导才能让学生理解知识、掌握数学方法，往往忽视利用学生手头的数学教科书资源。在平时的作业、练习中，也主要是对知识与数学方法的巩固与训练，鲜有对学生的阅读能力有意识地培养，数学教科书被教师遗忘了，被学生遗忘了，被课堂遗忘了，成了课堂学习的附庸品，数学课本通常仅当做习题集用，偶尔老师布置了阅读，学生也是一目十行，草草了事，读不准要点，读不出字里行间所蕴藏的数学思想，更读不出问题和自己的独到体会。

　　实践中我们还发现了一种影响学生阅读教科书的重要的原因：课程改革提倡学生的学习方式走向自主、合作、探究，阅读教科书尽管有利于学生的自主学习，但是通过阅读教科书直接获得知识，却似乎与探究、合作学习存在矛盾。教师会担心如果学生课前通过阅读知晓了答案，那么在课上就会缺乏新鲜感、缺乏探究的真实性，因而不愿意让学生阅读教科书。

　　那么，怎样让如此重要的数学阅读能力与同样重要的"探究""合作"学习方式有效融合呢？实际上，探究、合作学习的过程可以看成是人与自然、人与他人和人与自我的对话，而数学阅读，本质上则是人与文本的对话，而文本又是由人写出来的。因此，数学阅读的深层含义则是阅读者与编书者之间的思维对话，这样的数学阅读一定不是以完成填空式的任务为指向的"接受式阅读"，而是一种"研究性阅读"（顿继安，2015），在这样的阅读中，学生除了能辨认书写文字获取其意义外，还需要能够对这些意义进行整合、批判与评论。例如，看到教科书中概念的定义，追问"为什么要提出这一概念？还能用其他方式下定义吗？这个概念能够帮助我们解决什么问题？"看到某道题的解决方法，追问"我能想到这种方法吗？这个解题方法能够优化吗？"这样的阅读是读者与教科书编写者探究过程的深层次对话，既有利于学生自主探究能力的培养，又为学生数学阅读能力的发展提供了平台。

三、基于语文阅读理论分析学生数学阅读的问题

阅读是语文学科的基本能力，语文学科对于阅读教学的研究由来已久，虽然阅读能力与文本特点有紧密关系，但是数学阅读也必定可以从一般阅读理论中获得营养。

在语文中，阅读强调联想，读者只有展开对文字所代表的画面、情节的想象才能理解文本的含义，而数学也同样强调文字语言图形化、符号化，其实都是抽象具体化，便于理解和解决问题。而数学阅读的文本多为非连续文本，也就是有图形、有符号和文字，这意味着信息的呈现方式具有多样性，也就更需要学生在不同的表达方式间转换。例如，"平方根"一课，大部分学生具有一定的阅读理解能力，但在文字与符号的混编数学阅读中，关注度集中到符号语言上，容易忽略文字与符号的联系。

阅读不仅仅是读文字，更要关注文本结构，建立文本内在联系，学生的数学阅读也同样会因为不能建立文本联系而读不明白。例如，通过观察学生"平方根"一课的数学阅读过程，我们发现学生的主要问题在于：

第一，学生在阅读过程中不会通读全文，把握不住整体结构，不能找到几道例题之间的共性。

第二，学生更注重符号信息，忽视文字信息，而且文字信息与符号信息很难建立联系。

第三，学生对于抽象问题不会具体化，不能用具体的数值代替字母。

因此，我们以 PISA 阅读素养理论为基础，将数学阅读任务分为三个认知类型：访问和检索，整合和解释，反思和评价，这三类在水平上也具有明显的递进关系。

我们发现，学生完成"访问和检索"类任务的水平较高，而对于需要更多思维加工的整合解释、反思评价类阅读任务则明显薄弱。例如，"勾

股定理"章前语尽管文字较长，且伴有文言，但面对可以直接从文本中提取出信息的任务（问题1），学生的解答正确率很高。

问题1：利用勾股定理求出下面两个直角三角形的未知边的长度。

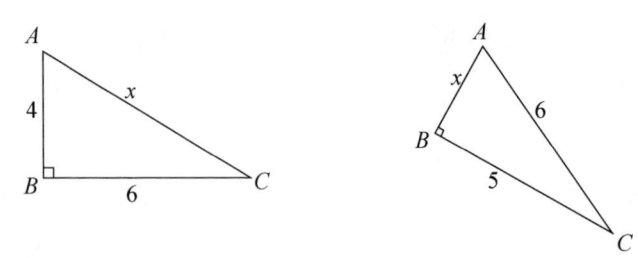

图 5-2-1

然而，面对下面一个问题（材料2），从表面上看只是一个"将一般问题特殊化"的任务，学生解决时却表现出了普遍性的困难。

大部分学生在表格中画出边长是5的大正方形，再试图分割合成4个全等的直角三角形和一个小正方形。下面是访谈过程：

师：你为什么要先画大的正方形呢？

生：因为直角边长分别为3和4，由信息中的 $a^2+b^2=c^2$，可得斜边长为5，因而先构造出边长为5的大正方形。

通过学生的回答可以分析出学生对于材料中的符号信息、图形信息的检索还是比较好的，可以自己阅读出大正方形的边长为直角三角形的斜边，也就是说学生通过对材料的阅读已经了解了勾股定理的内容，并能简单应用了。

阅读材料2，回答问题：

三国时期吴国的数学家赵爽创制了一幅"弦图"，给出了勾股定理的详细证明。

如图所示，赵爽将四个全等的直角三角形围在一起，围出了两个正方形：外面的大正方形边长为c，里面的小正方形边长为$b-a$，这个大正方形的面积是c^2，等于四个直角三角形的面积的和再加上中间的小正方形的面积，得到如下的式子：

$$4\times\frac{ab}{2}+(b-a)^2=c^2$$

化简后便可得：$a^2+b^2=c^2$

根据上面的材料回答下面的问题：

问题：右面的方格中每个小方格的边长为1，在上面画出用四个直角边长分别为3和4的直角三角形围成的赵爽弦图，中间的小正方形的面积是多少？外面的大正方形的面积是多少？

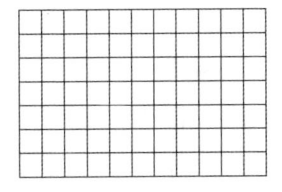

图 5-2-2

课堂上教师提示道："你下面要怎么做？为什么不能画了？再阅读材料2看看你的做法与赵爽弦图的证明有什么区别？"学生很快开始更加认真地去阅读材料，找出问题所在，即"不能分割成直角边长为3和4的直角三角形"。同时也关注到材料2中的"用4个全等的直角三角形围成一个正方形"这一关键语句，并进一步阅读出"小正方形的边长为$(b-a)$"，再结合赵爽弦图的图形信息，从画四个全等的直角三角形入手，大多数学生很快地解决了问题。这说明，学生在整合信息与检索信息上存在巨大鸿沟。

实际上，数学阅读很少有检索性任务，更多地需要学生整合文本中的信息并结合自己已有知识进行推理才能理解，学生自我诊断也说明他们的数学阅读的主要困难在于两个层次的认知任务上。

困难：第一遍读完材料时没太看懂，也不知道该从哪找问题的答案，等后来同学和老师又梳理一遍后才听明白一些。

"我"的困难：(1) 一开始读得迷迷糊糊，题目也读得半懂不懂，到后来和老师一起阅读材料并听过同学的分享后才读懂材料。

(2) 后来小明在大正方形中切割，我不太明白为什么大正方形的面积

得 $1+4\times6=25$。

问题：为什么不以 AB 或 BC 这样已知长度的边为边长作正方形？

后来明白了因为要求的是 AC，要尽量把它放在补充的图形中。

四、结束语

通过从教师的教和学生的学两个角度，对学生的数学阅读进行分析，我们将更为准确地把握学生在数学阅读中存在的问题，从而形成提升学生数学阅读能力的策略。

数学阅读并非常规数学学习的额外活动，而是贯穿于教学的释疑、提炼、反思总结等活动的始终，师生通过以文本为基础的交流，去粗取精，去伪存真，取长补短，有利于培养学生的数学思维品质，使学生善于发散思维，思路灵活不固执己见；使学生善于发现事物各方面的联系，全面地思考和分析问题，不满足对问题表面的认识，能抓住事物的主要矛盾和本质特征，并揭示事物的变化规律，使思维更加深入。

参考文献

[1] 李宝荣．以提升能力为本——基于学生研究的英语教学［M］．北京：教育科学出版社，2015.

[2] 中华人民共和国教育部．义务教育数学课程标准（2011年版）［M］．北京：北京师范大学出版社，2012.

[3] 顿继安．从"备学生"转向"研究学生"——基于学生研究的数学教学［M］．北京：教育科学出版社，2015.

[4] 陆璟．PISA测评的理论和实践［M］．上海：华东师范大学出版社，2013.

数学核心素养下的新定义问题教学探索

——以"关联点"问题为例

王佳菊

> 北京数学中考的新定义型综合题具有清晰的学生数学核心素养考查目标，其解答既需要诸如抽象能力、运算能力、推理能力等，还需要学生具有积极主动的探索精神，认识到这一点，教学中将不仅仅关注题目如何解，更要关注学生独立作答时遇到的困难是什么，每个具体的题目为这类题目的解答乃至学生终身发展的需要带来的启发是什么。

《义务教育数学课程标准（2011年版）》中明确指出"学生应当有足够的时间和空间经历观察、实验、猜测、计算、推理、验证等活动过程"。而中考新定义型综合题则考查了这样的数学学习过程的要求。

中考新定义问题属于代数、几何综合题，主要考查学生的阅读理解能力、信息处理能力、新知识应用能力，同时考查学生的数学意识、探究能力和创新精神，培养学生自主学习、主动探究的品质。它不仅是对知识、能力、思维的考查，更是对学生数学积淀的考查。因此，对学生的数学素养要求较高。在初三数学复习教学中，当学生面临这类问题时，经常出现以下问题：第一，读不懂题，不理解定义的基本内涵；第二，不能用数学的三种不同语言表述定义，停留在浅层字面理解上；第三，不能对定义所涉及的情况适当分类；第四，不能用运动变化的观点看待问题；第五，不能建构出符合定义的基本模型，更不能应用模型解决问题等。究其原因都是学生模型思想、几何直观等数学素养欠缺的表现。那么如何改变这一现状，提升学生面对此类问题的解题能力，使学生敢做、能做、会做、做对呢？

笔者以 2017 年中考新定义"关联点"问题的教学为例开展了探索。

一、新定义型综合题的特点

新定义型综合题的特点是：首先给出一个以抽象的方式定义的新概念，要求学生通过现场学习，理解新定义，结合所掌握的知识和思想方法对新的数学概念进行研究，发现有关规律和结论，并用之分析问题、解决问题。

例如，2017 年中考新定义型综合题是以一个新定义的"关联点"概念为基础设计的问题，给出的新定义是：

对于平面直角坐标系 xOy 中的点 P 和图形 M，给出如下定义：若在图形 M 上存在一点 Q，使得 P，Q 两点间的距离小于或等于 1，则称 P 为图形 M 的关联点。

题目通常采取"多问"形式，按照由直接到间接，由简单到综合的方式设计，经常与初中数学的重点主干知识，如圆、函数等结合。例如，2017 年的题目在给出"关联点"定义后，就提出了如下几个问题：

(1) 当 $\odot O$ 的半径为 2 时：

① 在点 $P_1\left(\dfrac{1}{2}, 0\right)$，$P_2\left(\dfrac{1}{2}, \dfrac{\sqrt{3}}{2}\right)$，$P_3\left(\dfrac{5}{2}, 0\right)$ 中，$\odot O$ 的关联点是_____；

② 点 P 在直线 $y=-x$ 上，若 P 为 $\odot O$ 的关联点，求点 P 的横坐标的取值范围。

(2) $\odot C$ 的圆心在 x 轴上，半径为 2，直线 $y=-x+1$ 与 x 轴、y 轴分别交于点 A，B。若线段 AB 上的所有点都是 $\odot C$ 的关联点，直接写出圆心 C 的横坐标的取值范围。

三个问题是递进关系，层层搭设台阶，问题环环相扣：第一问是直接的概念辨析，判断一些定点是否是某定圆的关联点；第二问则是已知动点是某个定圆的关联点，求动点的取值范围，这里就将动点放在了直线上，从而将新定义的对象与一次函数建立了联系；第三问则是已知动点是动圆的关联点，求动圆圆心的横坐标的取值范围，综合了圆的知识。

尽管第二问和第三问比第一问复杂得多，但是根据数学解决问题"化逆为正""化动为静"的特点，实际上只要学生能够通过第一问的解决理解了关联点概念的本质，获得解决后两个问题的思路并不困难。

二、新定义型综合题的解决策略

新定义问题的解决过程，对于学生来说，是自主理解新概念的过程，也是将高阶问题转化为低阶问题的过程，对于教学来说，需要教师引导学生经历"理解定义，建构模型；形成经验，语言转化；类比迁移、灵活应用"三个阶段。

第一阶段：概念挖掘，模型建构。

（1）改变试题，关注定义。

由于以往学生做题时对定义的本质关注不够，只是单纯解题，从而导致第一问还可以解决，而第二、三问就不知从何下手了。因此，我在呈现试题时，先不给出具体的问题，仅仅是描述定义，引导学生重点关注对概念的理解。同时，平面直角坐标系的背景使得题目难度加大，给学生画图分析带来不便。所以，我删掉平面直角坐标系的背景，直接用语言给出定义。具体如下：已知点 P 和图形 M，给出如下定义：若在图形 M 上存在一点 Q，使得 P，Q 两点间的距离小于或等于1，则称 P 为图形 M 的关联点。

（2）明确对象，确定路径。

明确了题目的呈现方式，接下来主要通过几个关键问题引导学生自主探究概念的内涵。

问题1："关联点"的研究对象有几个，分别是什么？

生：有两个，点 P 和图形 M。

问题2：关于这两个对象，都知道什么？哪些还不知道？

生：点 P 是知道的，但是具体位置还不确定；图形 M 的形状、大小、位置都不确定。

问题3：图形 M 可以是哪些形状？

生：可以是点、直线（线段、射线）、三角形、多边形、圆、其他不规则图形等。

问题4：你想从哪一个开始研究，为什么？

生：从点开始，因为最简单的图形是点。

师总结：我们已经明确了研究对象有两个。一是点 P，另一个是图形 M，首先我们从简单的点开始，依次是直线（线段、射线）、三角形、圆等，这也遵循了我们研究问题的一般规律，即从简单到复杂。

(3) 分类画图，语言转化

问题5：当图形 M 为点，即图形 M 为点 Q 时，你可以画出满足定义的图形吗？学生可以画出如图 5-3-1 的图形。

问题6：这样的点 P 有几个，分布在哪里？

生：点 P 有无数个，满足 $PQ \leq 1$ 即可，就是以 Q 为圆心，1 为半径的圆上和圆内所有点，如图 5-3-2。

问题7：如果图形 M 是一条线段，如何画图？如何理解图形 M 上存在一点 Q？

生：存在点 Q，即图形 M（线段）上有一个点 Q。

学生画图，如图 5-3-3 所示。

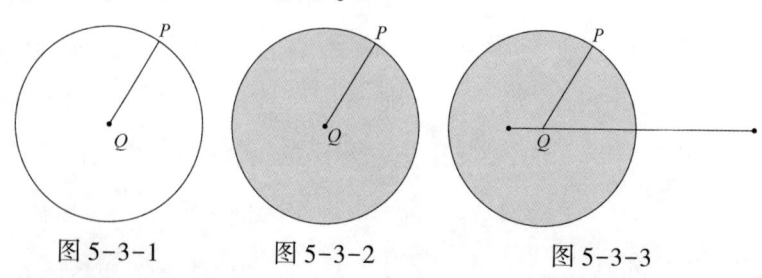

图 5-3-1　　　　图 5-3-2　　　　图 5-3-3

（4）由静及动，实物演示

问题 8：点 Q 的位置能否在线段 M 上运动，如果可以，满足条件的点 P 分布在哪里？

学生用实物模型演示具体运动过程，发现点 P 的分布特点。如图 5-3-4 所示。

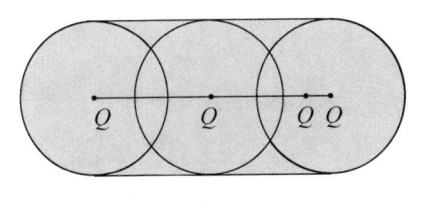

图 5-3-4

问题 9：如果图形 M 是三角形或圆，如何画图？点 P 又有怎样的变化？

学生画图，如图 5-3-5 所示。

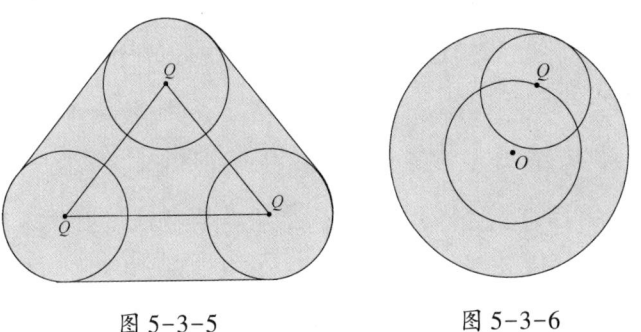

图 5-3-5　　　　图 5-3-6

师总结：当图形 M 的形状确定后，根据定义分别画出符合题意的图形。即当图形 M 是点时，点 P 分布在以 Q 为圆心，1 为半径的圆上及圆内；当图形 M 是线段时，点 P 分布在以 Q 为圆心，1 为半径的圆上及圆内；当图形 M 是圆时，点 P 分布在以 Q 为圆心，1 为半径的圆上及圆内，当 Q 在圆上运动时形成的图形如图 5-3-6。在这个过程中，遵循从特殊到一般的变化规律，即先任意取点 Q 画图，再从静止到运动发现变化规律。

（5）联想旧知，归纳性质。

问题 10：依据图形的形成过程，你发现它们与过去学过的知识有什么联系？关联点有哪些性质？如何判定？

生：图 5-3-2 是两点间的距离问题，即到点 Q 的距离小于或等于 1 的点所形成的图形；图 5-3-4 是点到直线的距离问题，即到线段 M 的距离小于或等于 1 的点所形成的图形；图 5-3-6 是点到圆的距离问题，即到圆 M 的距离小于或等于 1 的点所形成的图形。出现在相应图形中的点就是关联点，否则不是。

第二阶段：概念深入，模型运用。

出示问题（1）中的①，学生画图分析，如图 5-3-7，此时重在明确点 P、图形 M，此时图形 M 是 $\odot O$，而点 P 就是要寻找的关联点。根据对概念的理解可以建构模型，即图中阴影区域（含边界）的点为 $\odot O$ 的关联点，判断出点 $P_2\left(\dfrac{1}{2}, \dfrac{\sqrt{3}}{2}\right)$、$P_3\left(\dfrac{5}{2}, 0\right)$ 符合条件，而 $P_1\left(\dfrac{1}{2}, 0\right)$ 没有出现在该区域，不满足定义。这是检验对概念判定条件的理解，是概念正用的过程。

出示问题（1）中的②，学生画图分析，如图 5-3-8，此时，点 P 满足的条件有两个，即点 P 在直线 $y=-x$ 上，同时它又是 $\odot O$ 的关联点（点 P 出现在阴影区域（含边界）），所以点 P 出现在线段 P_1P_2、P_3P_4 上。

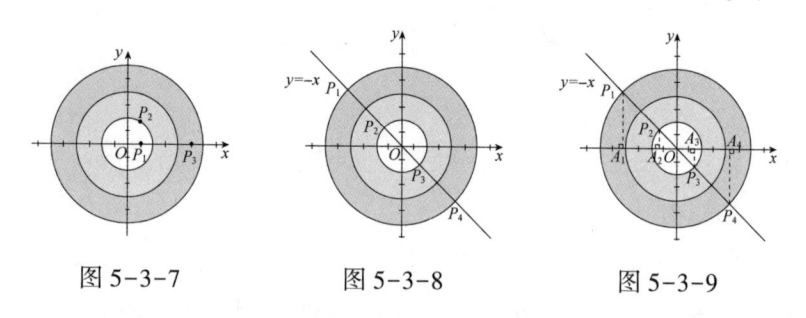

图 5-3-7　　　图 5-3-8　　　图 5-3-9

学生分别求出点 P_1、P_2 的横坐标，过点 P_1、P_2 分别向 x 轴作垂线，交 x 轴于点 A_1、A_2，再解 $\mathrm{Rt}\triangle P_1A_1O$、$\mathrm{Rt}\triangle P_2A_2O$，得到 OA_1、OA_2 的长，从而求出点 P_1 的横坐标为 $-\dfrac{3\sqrt{2}}{2}$，点 P_2 的横坐标为 $-\dfrac{\sqrt{2}}{2}$，点 P 的横坐标 x

的取值范围为$-\frac{3\sqrt{2}}{2} \leq x \leq -\frac{\sqrt{2}}{2}$；依据对称性，可以求出点$P$的横坐标$x$的另一个取值范围为$\frac{\sqrt{2}}{2} \leq x \leq \frac{3\sqrt{2}}{2}$，如图5-3-9是检验对概念性质的理解，是概念逆用的过程，同时综合应用解直角三角形、坐标与线段长的转化等知识解决问题。

第三阶段：概念迁移，模型演化。

出示问题（2），学生画图分析，⊙C的大小是确定的，而圆心在x轴上运动，所以先从任意静止的位置开始分析，如图5-3-10，此时阴影区域（含边界）为⊙C的关联点，而线段AB未被阴影区域（含边界）覆盖，所以不满足题意；如果圆心C向右平移，学生可以用实物（圆片）演示，观察何时阴影区域（含边界）覆盖线段AB。

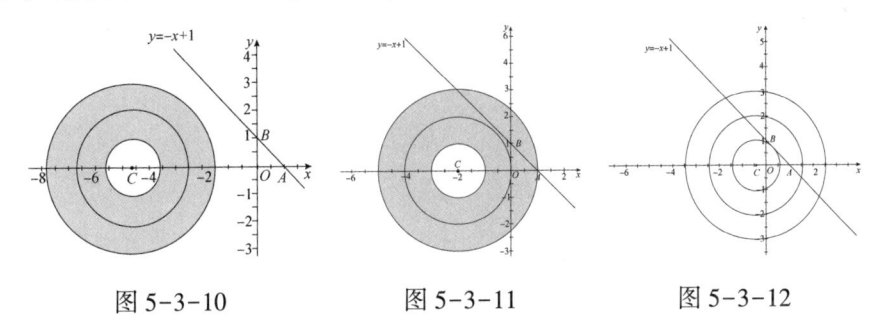

图5-3-10　　　图5-3-11　　　图5-3-12

在运动变化的过程中寻找临界位置，如图5-3-11、图5-3-12。在图5-3-11中，阴影区域（含边界）过点A，此时线段AB所有点都出现在该区域，都是关联点；在图5-3-12中，线段AB与小圆（点C为圆心，1为半径）相切，此时线段AB上所有点都是关联点。分别求出两种情况下圆心C的横坐标为-2、$1-\sqrt{2}$，所以圆心C的横坐标的取值范围为$-2 \leq x \leq 1-\sqrt{2}$。

如果圆心C继续向右平移，如图5-3-13，当点A在小圆（点C为圆心，1为半径）上时，满足题意；如图5-3-14，当点B在大圆（点C为圆心，3为半径）上时，也符合要求。因此圆心C的横坐标介于这两种情况之间，取值范围为 $2 \leq x \leq 2\sqrt{2}$。

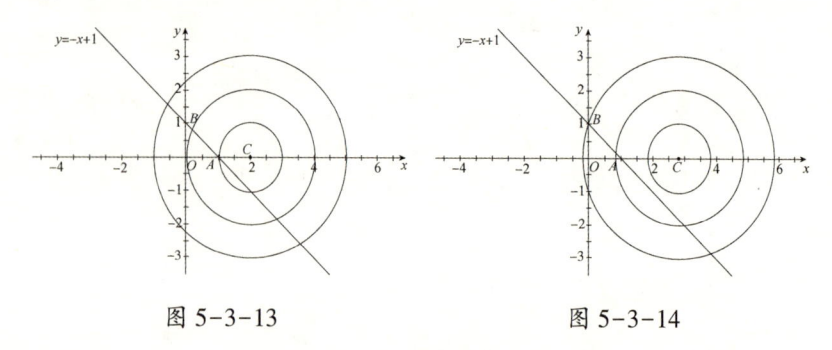

图 5-3-13　　　　　　　　图 5-3-14

在问题（2）中，我们继续使用问题（1）中的模型，只不过，这个模型按照一定的要求运动，同样，学生可以遵循从静止到运动的规律，在变化中寻找临界位置是解题的关键。这是进一步深化理解概念的过程，在运动中加深对概念的认识。

三、教学启示

回顾本题的解题过程，经历了"概念挖掘，模型建构——概念深入，模型运用——概念迁移，模型演化"三个主要阶段。其中，第一阶段是解题的关键，要关注对概念内涵的认识，外延的分类，逐字逐句剖析概念，分类画图理解概念，遵循从简单到复杂，从特殊到一般，从静止到运动的研究问题的方法。同时，由于新定义问题背景、情境、定义的变化等因素，会涉及不同的数学知识，所以在解决问题的过程中还需灵活应用，以不变应万变；新定义问题虽然出现在中考综合题中，但是我们要在初一起始阶段就关注概念的教学，关注核心素养在每一节课的落实，只有这样才可以在循序渐进中培养学生的综合能力。

参考文献

[1] 中华人民共和国教育部. 义务教育数学课程标准（2011 年版）[M]. 北京：北京师范大学出版社，2012.

［2］刘春艳.理解试题内涵 把好教学方向——从一道北京中考试题说起［J］.数学教育学报，2018，27（3）.

［3］顿继安.从"备学生"转向"研究学生"——基于学生研究的数学教学［M］.北京：教育科学出版社，2015.

现实情境对学生数学学习的三重作用

张红艳

> 创设情境是数学新课程提出的重要教学理念，以往的研究都比较关注现实情境对于激发学生兴趣的作用，本研究还关注了现实情境对于学生数学素养提升的作用，包括可以促进学生理解问题、提出问题，一些重要的数学观念的形成也有赖于真实的情境体验。

数学来源于现实，又对解决现实中的问题具有重要作用，数学课程也提出要引导学生"会用数学眼光观察世界，会用数学思维思考世界，会用数学语言表达世界"。在教学中，通过适时地创设现实情境，不仅有助于增加学生的兴趣，还有助于学生理解问题、发现问题，以及形成一些重要的数学观念，本文呈现笔者关于现实情境对于学生数学学习的这三重作用的思考与实践。

一、帮助学生理解实际问题的数学意义

《义务教育数学课程标准（2011年版）》中指出，"学生的数学学习内容应当是现实的、有意义的、富有挑战性的……"教师的作用在于提供真实的学习情境，搭建学习支架，了解学习者先前的知识经验，促使学习

者利用他们在物理的、社会的环境中去建构知识和意义，促进学习者能力的发展。对于七年级学生而言，建立实际问题的一元一次方程是学习难点，特别是遇到一些距离这个年龄段的学生生活实际较远的情境时，例如，教科书上有这样一个题目：

某工厂的一个车间有22名工人，每人每天可以生产1 200个螺钉或2 000个螺母，1个螺钉需要配2个螺母，为使每天生产的螺钉和螺母刚好配套，应安排生产螺钉和螺母的工人各多少名？

作为00后的这一代，在现代生活中很少见过或接触过螺栓，对于螺栓的形状更是知之甚少，甚至许多人都没听说过"螺栓"一词，这势必为解决这个问题带来了困难，学生理解上的障碍不解决，学生根本不可能主动提炼出问题背景中的相等关系，没有相等关系学生自主列方程就无从谈起。基于这些考虑，笔者以本校新校区的钢结构建筑为素材，改编题目如下：

首都师范大学附属中学（通州校区）的新校区正在紧张建设中，校区中所有教学楼全部采用钢结构工程，各部件之间采用焊缝、螺栓或柳钉连接而成，其抗震性、抗冲击性极好，结构寿命可达100年以上。其中，负责生产螺栓（如图5-4-1）的某工厂的一个车间有22名工人，每人每天可以生产1 200个螺钉或2 000个螺母，1个螺钉需要配2个螺母，为使每天生产的螺钉和螺母刚好配套，应安排生产螺钉和螺母的工人各多少名？

图5-4-1

这个问题的背景与原有问题的背景相比，数学结构没有变化，但是却极大地激发了学生的学习兴趣和求知欲，而螺栓图片的展示为学生的数学理解提供了帮助，学生非常顺利地解决了问题。

二、为学生提供发现数学问题的机会

在进行"一元一次方程应用"教学的前一周，恰逢我校举行第三届"振兴杯"学生篮球联赛，初一的学生作为观众参加。借此篮球联赛为背景设计了一节《一元一次方程的实际应用——篮球积分中的数学问题》，以下为课堂引入部分内容：

一起来观看我校第三届"振兴杯"篮球赛的剪影，相信各位同学都喜欢打篮球或看篮球赛。（教师出示图片）

通过向体育组宋老师了解，得知篮球联赛积分榜如表5-4-1所示：

表 5-4-1

队　名	比赛场次	胜　场	负　场	积　分
高一1组	14	10	4	24
高一2组	14	10	4	24
高一3组	14	9	5	23
高一4组	14	9	5	23
高一5组	14	7	7	21
高一6组	14	7	7	21
高一7组	14	4	10	18
高一8组	14	0	14	14

教师：观察上面我校各组的篮球联赛积分榜，你可以提出哪些问题呢？

以此为背景，学生提出了如下问题：

学生1：如果某小组负一场，应该怎样计分？

学生2：如果某小组胜一场，应该得多少分？

学生3：如果某小组胜 m 场，那么负了多少场？

学生4：如果某小组胜 x 场，总积分怎样用代数式表示？

学生5：如果没有高一8组的成绩，求出胜一场多少分，负一场多少分？

……

在教师的引导下，学生通过独立思考、小组交流，不仅根据问题背景和数据提出了问题，还在小组合作中顺利解决了问题。学生生活中这些活灵活现的素材为枯燥的数学知识注入了新鲜的血液，知识也变得灵动起来。《义务教育数学课程标准（2011年版）》针对数学教学活动给教师提出如下的教学建议："教师应创造性地使用教材，积极开发、利用各种教学资源，为学生提供丰富多彩的学习素材。"既然是创造性地使用教材就不要照本宣科，教材中安排例题的目的是让学生体会数学来源于实际生活，同时应用所学数学知识又可以帮助我们解决生活中的一些问题。

三、以真实的实践促进重要数学观念的形成

早在20世纪初，美国教育家杜威就明确指出，"思想、观念不可能以观念的形式从一个人传给另一个人。当一个人把观念告诉别人时，对于听到的人来说，不再是观念，而是另一个已知的事实……只有当他亲身考虑问题的种种条件，寻求解决问题的方法时，才算是真正的思维"。

在准备义务教育教科书北京版数学九年级下册第二十五章第一节"求概率的方法"时，为了让学生更好地体验用频率估计概率的方法，在实际操作中培养学生的随机观念（随机观念的培养是第三学段"统计与概率"学习

的一项重要内容）。在统计中，可以通过抽样体会样本及估计结果的随机性。在概率中，一方面可以列举大量实际例子，通过让学生判断是不是随机现象感受随机性，另一方面，在验证频率与概率之间关系的试验中，除了揭示大量重复试验中频率具有稳定性，还要让学生体会频率的随机性。

利用课间时间，组织学生在学校进行投掷瓶盖活动，进一步探讨频率与概率的关系，体会质地不均匀的瓶盖与质地均匀的硬币在试验中出现正面的频数、频率的区别。在此过程中，有个学生一脸自信的对我说："老师，我跟小贾打赌了，这个根本不用实验了。我猜盖面向上的概率一定是50%。如果我输了，中午请他吃饭；如果我赢了，他请我吃饭。"很明显，这个孩子把投掷瓶盖与之前学习过的等可能事件的随机概率混淆了，认为投掷瓶盖和投掷硬币是一回事，并没有注意到瓶盖是质地不均匀的物体，不能用古典概型的概率公式进行计算。我笑着对他说："好呀。从现在开始，你认真进行试验，看看盖面朝上和盖面朝下的机会是不是一样多。如果确实次数相近，那就是你猜对了，中午我请你们俩吃饭。"孩子一听乐坏了，进行试验时两个孩子特别积极。但是，随着时间的推移，试验次数的增多，他的额头上渗出了汗珠，而进行到20次时，这个孩子笑不出来了，接下来发生了如下对话：

生："老师，怎么回事，怎么老是瓶盖底朝下呀？是不是我投的方法有问题？"

师："你先休息一下，让小贾投一下，你来计数。"

生："老师，为什么他投的也是瓶盖底朝下的次数多呀？"

师："你们俩停下来研究一下瓶盖，看看和之前的硬币一样吗？"

通过引导，学生最终发现瓶盖质地不均匀的特征，而这一特征直接影响了盖面出现的频数和频率，加深了学生对频率和概率关系的理解，培养了学生的随机观念。以数学活动为载体来进行数学发现，在发现的过程中促进学生的数学思考、数学本质的揭示、数学思想方法的渗透以及数学活动经验的累积，是一种建立在基础知识、基本技能基础上的高一级数学学习方式。

四、结束语

帮助学生拥有一双"数学的眼睛"，一方面需要教师在教学中主动创设问题情境，进行潜移默化的引导；另一方面，需要教师设计任务，帮助学生利用身边的素材提出问题。引导学生关注生活，会用数学的眼光观察世界，会用数学的思维思考世界，会用数学的语言表达世界，这是我们当代数学教师的责任。

尽管"随着现代信息技术的飞速发展，数学更加广泛应用于社会生产和日常生活的各个方面"，但是这种作用的认知还需要教师的引领，特别是需要因地取材，利用有限的条件尽可能地给学生创造数学实践的机会。2016年，笔者在农村的一所中学进行支教，农村学校的条件有限、可利用的资源相对比较少。在这种条件下，我执教的初三学生在校园内仍然顺利开展了第一次数学实践活动——测量学校旗杆。此活动是在学生学习完相似三角形和解直角三角形相关知识后开展的，学生活动前期需要经历自由分组、设计方案、绘制实验模型图、准备实验工具等环节；活动中期小组合作开展实践操作、数据记录；活动后期，针对获得的数据利用相关数学知识完成计算，最后得出学校旗杆的近似高度。其实，这是很普通的一节数学实践课，没有任何的新意、不花哨，但是学到的数学知识和原理都用上了。这次活动给农村中学的学生留下了深刻的印象，他们在活动中主动探索、积极思考、不断反思改进，成功完成了任务，感受到了数学知识在解决实际问题中的作用和需要的灵活性，支教学校的教师也感到很受启发。

参考文献

[1] 中华人民共和国教育部. 普通高中数学课程标准（2017年版）[M]. 北京：人民教育出版社，2018.

[2] 李雪波. 基于情景认知理论的初中方程应用题教学研究[D]. 长春：东北师范大学，2009.

[3] 中华人民共和国教育部. 义务教育数学课程标准（2011年版）. 北京：北京师范大学出版社，2012.

[4] 缪文慧. 初中数学综合实践活动的实践与反思[J]. 内蒙古师范大学学报（教育科学版），2010，23（08）：125-128.

第六章

专 业 学 习

  从工作室的定位看，工作室组织的每次活动本质上都是学习，无论是聆听理论讲座、讨论研究课，还是对自己的成果和经验的报告，都会起到为教师提供经验进而导致其思维和行为发生相对持久的改变的作用。

  本章选择工作室组织的两个富有特色的学习活动中学员提交的作业：一种是专业书籍的阅读摘抄、分析与体会；一种是基于自觉实践的教育故事讲述。前者的目的在于推动老师们认真阅读，摘抄也为老师们写论文应用文献提供积累；后者则希望透过老师们对发生在自己课堂中的具体事件的描述了解老师们课堂中的策略使用情况，在各种新的教育思想不断涌现的背景下，教学策略成为决定教学成败的关键。比如，通过教育故事，我们就发现有老师自认为可以很成功地帮助学生解决问题的策略实质上是在"直接给学生"，这与其口头表达的尊重学生的主体地位不符。通过教育故事的写作，老师们也会完成积累，聚沙成塔、聚智为知。

  特别要说明的是，"写教育故事"这种方式被孟庆贵老师用到了自己所带的青年教师研修班中，推动青年教师自觉实践、反思、积累。本部分选用了刚刚入职三年的顾客老师撰写的一个精彩故事，让我们看到青年一代的教师为了学者得宜的用心之处。

"基于知识形成过程的数学教学"阅读摘抄与体会

孟庆贵　张红艳

【书册档案】

冯启磊，杨小丽，刘春艳，顿继安. 基于知识形成过程的数学教学[M]. 北京：高等教育出版社，2017.

孟庆贵的阅读摘抄与体会

【摘抄1】

第一章　第一节　数学知识形成过程教学实践中存在的问题透视

P3　数学教育家赫斯"对数学本质的认识是一切教学法的根"。实际上对同一教学内容不同的人往往会有不同的解释，其中，对所教知识的形成过程的解释则会直接影响教师所设计的教学过程，也可以换个角度说：教师所设计的教学过程透射出的是其自身对知识形成过程的看法。实际上，实践者的诸多问题也根源于实践者对知识形成过程的认识误区。

P3　"创设情境，提出问题"是体现知识形成过程的教学的标志，因为知识总是产生于问题，问题又总是依赖于一定的情境，当然，这里的情境既包括现实情境也包括数学情境。

P5　情境的本质是蕴含着问题的现象。在上述案例中"猜数游戏"就是一个情境，其中蕴含的数学问题是：教师能够这么迅速的算出如此复杂的代数式的值，其间的奥秘是什么？如果把它变成数学问题，则是：这个整式的什么特征使得其可以简便运算？答案是构成这个整式的单项式中存在着一些同类项，他们可以通过合并从而简化运算。这个活动的设计意味着教师对同类项知识的本质的认识：同类项知识之所以产生，是由于遇到了代数式运算中的简化问题。

"问题是数学的心脏"，在这个案例中，猜数游戏有利于激发学生兴趣，引发的"奥秘为何"的问题则激起了学生的好奇心，如果接下来对这个问题进行寻根究底的话，也会带来新知识。然而，在这节课，这一问题并没有成为"心脏"。

【体会】

有些教师认为"知识的形成过程是几百年甚至几千年的事情，在一堂课中体现纯粹耽误时间，也达不到应有的效果"，这是教师对知识形成过程教学的一个误区。没有知识的产生过程的教学，学生得到的都是零散的无关联的知识点。学生在解题和学习新的知识时很难把所学知识关联起来，根据知识之间的内在联系解决问题。这样造成的结果就是学生接受知识，通过训练掌握知识，并运用知识解题，把学生变成了解题的机器。

近年来我们数学教师对知识形成过程的教学越来越重视，大家都在教学中不断地探索和实践。教师们知道"知识的形成过程"这句话，也确定要朝着这个方向进行教学，但是，当落实到教学中时，就感觉到迷茫。"如何教学才是真正关注了知识的形成过程呢？""已经在教学中设计了相关活动和问题，设置情境，渗透知识的形成过程，学生怎么还是没有兴趣，还是不会呢？"最后归因就是"我们的学生适合直接给出知识，能训练会就不错了"，这是一个误区。教师所设计的教学过程透射出的是教师自身对知识形成过程的理解和认识，而缺少关注真正的知识本身的形成原因和过程，以及学生自身的认知过程。比如：本书中给出的"同类项与合并同类项"的案例，教师通过猜数游戏激发了学生的学习兴趣和好奇心，老师只把它当作一个伏笔，告诉学生学习本节课有用，可以像老师一样速算得出结果，而没有真正解释同类项产生的原因就是要进行化简，为达到简便运算而产生的。

再比如，二次函数概念这节课。老师在"创设情境，引入新知"环节，首先展示了非常漂亮的夜景喷泉，并且在喷泉中设置一粒水滴，水滴随着喷泉呈抛物线运动的动画。

教师："喷泉美不美？"

学生齐答："美。"

教师：下面我们就学习和他有关的内容——二次函数。这时教师在黑板上写课题：二次函数 $y=ax^2+bx+c$。

教师是站在已学者的角度设计的这个情境，"创设情境，引入新知"环节只是起到了激发学生好奇心，为后面画二次函数图象埋下"伏笔"的目的，而这个"伏笔"却限制了学生对二次函数图象的探索。老师在这个环节应该设置问题引导学生观察，如"这个水滴的运动轨迹是什么？""我们能不能把水滴在运动过程中每一点的位置用数对表示出来呢？"引发学生思考和探索的欲望。引导学生逐步把实际问题数学化，用数学的眼光看待世界。

【摘抄2】

P6 "问题——回答"的教学方式与知识的形成过程

这里通过一个"问题串"完成"新知探究"活动也是常见的活动组织形式，我们可以超越"情境型"教学模式来分析，其最大的问题在于问题串中的问题的特点并非是伴随着情境性问题的分析和解决的需要而产生的，而是教师围绕着本节课要学的若干个知识点而设计的，它们就像波利亚在其著名的《怎样解题》一书中所说的"魔术师帽子中的兔子"一样，突然出现在学生面前，答案亦都直接指向了知识点。比如，在得出同类项概念的定义活动中，虽然同类项的定义是学生通过观察、概括说出的，但是作为学生观察对象的单项式都是由教师按照符合同类项定义的标准选择，且以分组的方式呈现，特点明显，大大降低了学生犯错误、走弯路的概率，标准答案即同类项定义能很顺利地给出。

和许多数学概念教学一样，这一案例中，教师直接让学生通过观察若干个符合概念内涵的对象，概括其共同特征得到了概念的定义，这似乎与教科书上对概念形成的解释一致：概念产生于对一类事物的本质特征的概括。但这是从结果的视角对概念的特征进行静态的描述，而动态地看科学概念的形成，是在大量的事实和现象的基础上，经过缜密的思考和严谨的逻辑推理，找到现象之间的模式和联系，并将零散的事实组合成相互关联的整体，形成有意义的逻辑结构。其中，精确地将具有共同"本质特征"的事物聚集到一起，本身就是分析与推理，建立不同事物或者现象之间的共同模式和联系的产物，这一过程，在情境型教学模式的"问题——回答"环节是没有的。

当教师将分过类的单项式摆在学生面前时，事物的本质特征实质上就已经直接呈现在学生面前了，而学生用语言表述特征的活动是概念形成的第二个阶段——符号阶段，而缺失了此前的一个极为重要的阶段——简约阶段。

概念形成的简约阶段主要任务是：把握事物的本质，把繁杂问题简单化、条理化，能够清晰的表达。概念形成的简约阶段必定起于问题，是对解决问题的方法与问题特征关系的分析带来了对本质的认识，而在认识的过程中，经常需要以具体正例与反例作为支撑认识者思维的支架，帮助认识者澄清思想，而"情境型"教学模式的"探究新知"环节"问题——回答"链中直接呈现被老师整理过的符合概念本质特征的正例，而忽视了这些例子自身实际上是围绕着对概念的本质特征的认识而构造或发现的，要想补充概念形成的"简约阶段"还需要正确认识并处理好第三个问题：知识的产生顺序与呈现顺序问题。

【体会】

通过这段阅读让我明确了学生概念的形成有两个阶段：简约阶段、符号阶段。的确，在教学中教师在这方面存在的问题比较多，更愿意让学生顺利得出概念，避免在归纳过程中出现错误，走弯路。以便教师能顺利完成教学任务，使数学课堂教学完全在自己的掌控之中。在教学中教师们往往忽视概念的"简约阶段"，忽视学生对情境"数学化"的阶段，忽视学生的归纳推理阶段。忽视学生发现问题本质，归纳概括能力的培养。

张红艳的读书摘抄与体会

【摘抄1】

P3 "对数学本质的认识是一切教学法的根"——数学教育家赫斯

P5 所有知识都是人创造出来的，而在某个知识被人明确的创造出来以前，人们遇到相关问题也不会坐以待毙，而是会努力用自己已经掌握的工具解决问题，这些工具实质就是蕴含该知识的潜在形态，例如，合并同类项的潜在形态是简化思想和乘法对加法的分配律，如果这样的问题具有典型性、普遍性，人们就会自觉地从解决具体问题的过程中提炼、总结，从而将知识从潜在形态变为显在形态并被命名，成为解决类似问题的便捷工具。因此，如果尊重知识的形成过程，在情境性问题引发了学生的兴趣、激起了学生的探索欲望后，接下来应该对该问题进行分析、解决，之后再对解决问题的方法、程序或者得到的结论中蕴含的普适性、一般性的内容加以总结、提炼，形成知识。

【体会】

结合学习的内容，在看过书中案例1（案例略）列举L教师的"同类项与合并同类项"的课前引入环节后有下面的思考。

请同学们分别给出 x，y 的任意值，让老师来告诉你们下面代数式的值：

$$3x^2y+xy-2xy+(-3x^2y)$$

在学生给出 x，y 的各种数值后，发现老师给出的答案居然都是正确的。

老师说：想知道老师为什么能够这么快就算出代数式的值吗？下面我们一起来探秘吧。

问题1　首先我们先来观察这个多项式，组成多项式的各项分别是谁，它们有什么特点？

（借助此问题，引导学生将关注点由多项式转向每个单项式）

问题2　如果让你来给四个单项式分类，你将如何分类？

（借助此问题，引导学生观察单项式的结构特征，这四个单项式都含有字母 x、y，区别就在于数字系数和相同字母的指数不同）

【预案】

$3x^2y$ 与 $-3x^2y$ 是一类，xy 与 $-2xy$ 一类

问题3　根据学生回答情况，引导学生观察分为一类的单项式有什么共同特征，能否再举一些类似的单项式，通过对单项式特征的概括引出同类项的概念？

问题4　学生能否列举同类项，充分认识同类项，即对同一类的单项式中的"同一类"的界定和理解？

问题5　代数式 $3x^2y+xy-2xy+(-3x^2y)$ 实质就是单项式 $3x^2y$、xy、$-2xy$、$-3x^2y$ 的代数和，那么他们可以计算吗？

预案一　$3x^2y+xy-2xy+(-3x^2y)$

$\qquad = 3x^2y+(-3x^2y)+xy-2xy$ 　　（加法交换律）

$\qquad = (3-3)x^2y+(1-2)xy$ 　　（逆用乘法分配律）

$\qquad = -xy$

预案二　利用生活经验加以解释

归纳得出上述的计算方法——合并同类项法则。

反思获得合并同类项法则的过程，通过将上述未知的内容利用学过的相关知识进行转化，利用已经习得的知识或方法加以解决，再通过概括、归纳，获得一种新的规律和方法。

可见，利用合并同类项可以将一个较为复杂的多项式进行化简，化简后再进行运算要比逐一代入运算快得多，这也是课前游戏环节的奥秘所在。本节课解密成功！

【摘抄2】

P15　数学教学中运用数学史的方式：附加式——展示数学家的图片，讲述数学家的故事；介绍数学概念，数学术语、数学符号等的来源。复制式——直接采用历史上的数学问题、问题解决方法和定理证明方法等。顺应式——对历史上的数学问题进行改编或根据历史材料编制数学问题。重构式——借鉴和重构知识发生、发展的历史，采用历史发生法教学。

并非用了数学史就体现了知识的形成过程，例如，展示数学家的图片、讲述数学家的奇闻异事，可能只是课堂的点缀，能够起到激发学生兴趣的作用，并不一定能让学生体会数学家的思考历程。从展现知识的形成过程的视角看，运用数学史具有两种最基本方式：一是直接把真实的数学史应用于数学教学；二是不局限于具体史实，而是将数学史中知识发生发展过程中获得的原理用于教学。

P19　历史是由人"书写"的，"书写"的人所处的特定时空环境必然会对其积累的经验、头脑中的知识、形成的思维方式等产生影响，所谓真实的数学史不过是有幸被记录的一些特定的人曾经的思考过程，并非历史上的所有人都会有的想法。

数学的发展在为人类带来海量具体知识的同时，也必然为人类的价值取向、思考问题的方式与方法带来影响。因此，即使是历史上的数学问题呈现在今日的数学探索者面前，也会由于今人与古人的头脑中所积累的不同数学经验、拥有的不同数学知识、习得的不同数学方法、身处的不同环境而产生不同的反应。因此，期望学生与数学史上人物的想法完全相同难以体现人类的进步，难以完成历史传承、推动历史前进的重任，在一些具体情境中，过于关注数学教学过程与史实的一致性可能会出现学生想到的方法和教师预先准备的方法不一致而带来的教与学"擦肩而过"的现象。

【体会】

回顾自己以往的教学，在七年级第一学期"有理数"这一章的教学中也引入了数学史。在"有理数"这一章的第一节课中，考虑到学生已经接触了六年的小学数学，已经认识了各种"数"。因此，我向学生们介绍了与"数"有关的发展史。告诉他们数是从"数"（shǔ）开始的。介绍了"1""2""多"的产生，在"多"的基础上一步步有了"整数"的概念，分配打猎的猎物产生了分数的概念……这些仅仅属于附加式。通过不断地尝试，对于七年级的学生而言，这种附加式将数学史融入数学教学中是非常合适的。对于这样的介绍，学生在课上表现出极大的兴趣，孩子们刚从小学步入初中，小学知识上碎片式的学习没有系统的理解，而且尚未形成严谨的逻辑思维，这种附加式的介绍方式更适用于这一阶段的学生。

【摘抄3】

P28 波利亚也曾提出，在教一门科学分支（理论、概念）时，我们应该让儿童重演人类心理演进的重大步骤。当然，我们不应该让他重复过去一千零一个错误，而只是重复重大步骤。历史发生教学法是一种借鉴历史、呈现知识自然发生过程、介于严格历史和严格演绎之间的方法，因此，教师在利用历史发生教学法还原知识的形成过程时需要：（1）了解所讲授主题的历史；（2）确定历史发展过程中的关键环节；（3）重构这些环节，使其适用于课堂教学；（4）设计出一系列由易到难的问题，后面的问题建立在前面问题的基础之上。

案例2　分析和重构三角形内角和定理的历史

三角形内角和定理是平面几何中非常重要的定理之一，与欧几里得几何和第五平行公设等价，它有着十分悠久的历史，关于它的证明方法也曾引起许多数学家的兴趣。同时它的证明方法蕴含着重要的数学思想方法。数学发展史中，三角形内角和定理经历了哪些关键环节呢？

关键事件一：泰勒斯拼图发现三角形内角和定理……泰勒斯先将六个同样的正三角形的各个不同的顶点置于同一点，结果恰好填满该点周围的区域，因而六个内角之和等于四个直角，三个内角之和等于两个直角；再将六个同样的等腰三角形的各个不同的顶点置于同一点，其中每个顶点出现两次，结果也恰好填满该点周围的区域，因而六个内角之和等于四个直角，三个内角之和等于两个直角；又用六个同样的不等边三角形来拼图，也得到了同样的结论。

关键事件二：毕达哥拉斯学派证明三角形内角和定理……毕达哥拉斯学派过点 A 添加平行于 BC 的直线，证明了三角形内角和为 180°。

关键事件三：欧几里得的证明方法……欧几里得过点 C 作平行于 AB 的射线 CD 并延长 BC，通过一组同位角和内错角，证明了三角形内角和为平角……

【体会】

通过了解"分析和重构三角形内角和定理的历史"这个案例，根据自己所教授学生的知识理解程度和掌握情况，同时借鉴数学史中三角形内角和定理的形成过程。可以考虑做以下调整：对于泰勒斯拼图发现三角形内角和定理的过程，学生在小学阶段已经有所渗透。学生利用拼图得到三角形的三个内角可以组成一个平角，但在这一过程中，缺少的是严谨性，即如何将三个顶点聚在一起，而且做到角的边无缝拼接不重叠。因此，需要采用毕达格拉斯学派、欧几里得的证明方法加以严谨证明。这是从感性认识到理性认识的一种转变。对于欧几里得和毕达哥拉斯学派的证明方法，个人认为可以在这一环节加以延伸拓展。实质上这两种学派的证明方法都有一个共同之处，都是借助过三角形的一个顶点作已知边的平行线，再利用平角定义加以证明。按照这种思路，教师还可以引导学生观察，除了过点 A 和点 C 的平行线外，当然也可以过点 B 作 AC 边的平行线。即平角的顶点可以选在三角形的三个顶点上，当然也可以选在三角形的三条边的任意位置上或选在 △ABC 内任意点以及 △ABC 外一点。最后引导学生总结这些方法的共同特征，其一是利用平行线转移等角；其二是利用平角的定义证明三角形内角和为 180°。

【摘抄4】

P31 研究学生，教师需要了解学生的智慧，倾听和接纳学生的困难，甚至是错误，需要常常反思，不断批判与审视自己的教学思维定式，更需要教师不断提高自己的专业素养，能够具备欣赏学生的能力。

案例3 这样做辅助线行吗？在"等腰三角形的性质"一节课中，已知△ABC，AB=AC，教师让学生尝试证明∠B=∠C，其中有一个学生提出添加辅助线的方法"作BC的中垂线AD"，然后利用全等证明，学生的话音刚落，教师脱口而出："同学们，我们作辅助线一下子能满足这两项吗？既是中垂线又过点A？这个不能作！"作BC的中垂线没有问题，中垂线是否经过点A需要进行论证，而论证的方法对学生来说不是很难，因为前面刚刚学过"到线段两端距离相等的点在线段的中垂线上"这个结论。因此，这是一个激发学生兴趣，锻炼学生分析问题和推理能力非常好的机会。但是由于教师对此问题缺乏深入思考，对学生的思考路径不能做准确的分析，而采用了完全的否定。比如，教师可以在课堂上先不做评价，而是引导学生分析"这样做有没有道理？""是否存在什么问题？""如何修正就可以了？""这种方法和其他方法的不同之处在于什么？""它给我们什么样的启示？"等一系列的问题推动学生分析、探索、比较，帮助学生经历知识的形成过程……两点启示：（1）研究学生，教师需要不断地提高自身的学科素养水平；（2）研究学生，教师需要能够真正地以学生为中心，倾听学生的想法，进行延迟评价，做价值性分析而不是事实性的"对与错"的判断！让学生充分暴露其思考过程和真实想法，这实际上是"教师对学生'无前提的思考'和还原知识形成过程价值的珍视"，是教师提升对数学知识本质认识的有效途径之一，所谓"教学相长"。

【体会】

案例3中，教师对于"作BC的中垂线AD"的处理方法在以前我的教学中也是常用的。看完对这个案例的分析后，自己感到非常惭愧，归结原因主要是自身没有对这种作法进行足够的分析和探讨,"先入为主"的认为这是一种不可能完成的做法,可见提高自身的学科素养是从教的终身工作。对于第二个启示恰好与Fennema学情认知水平三的描述相吻合,即教师相信学生靠自己解决问题会更有意义而不是教师先讲解一些解决问题的策略或标准步骤让学生模仿,同时教师也希望学生能明白他们所使用的那些解决问题的策略或方法的意义。因此,真正的尊重学生、以学生为中心应该是从学会倾听学生开始,倾听了解学生的思考过程和真实想法。

"守望·成长——特级教师谷丹教育教学知行录"
阅读摘抄与体会

孙宝英　刘　凯

【书册档案】

谷丹. 守望·成长——特级教师谷丹教育教学知行录[M]. 北京:商务印书馆,2017.

孙宝英的阅读摘抄与体会

阅读内容:第五章"面对面"与"肩并肩"

一、内容要点

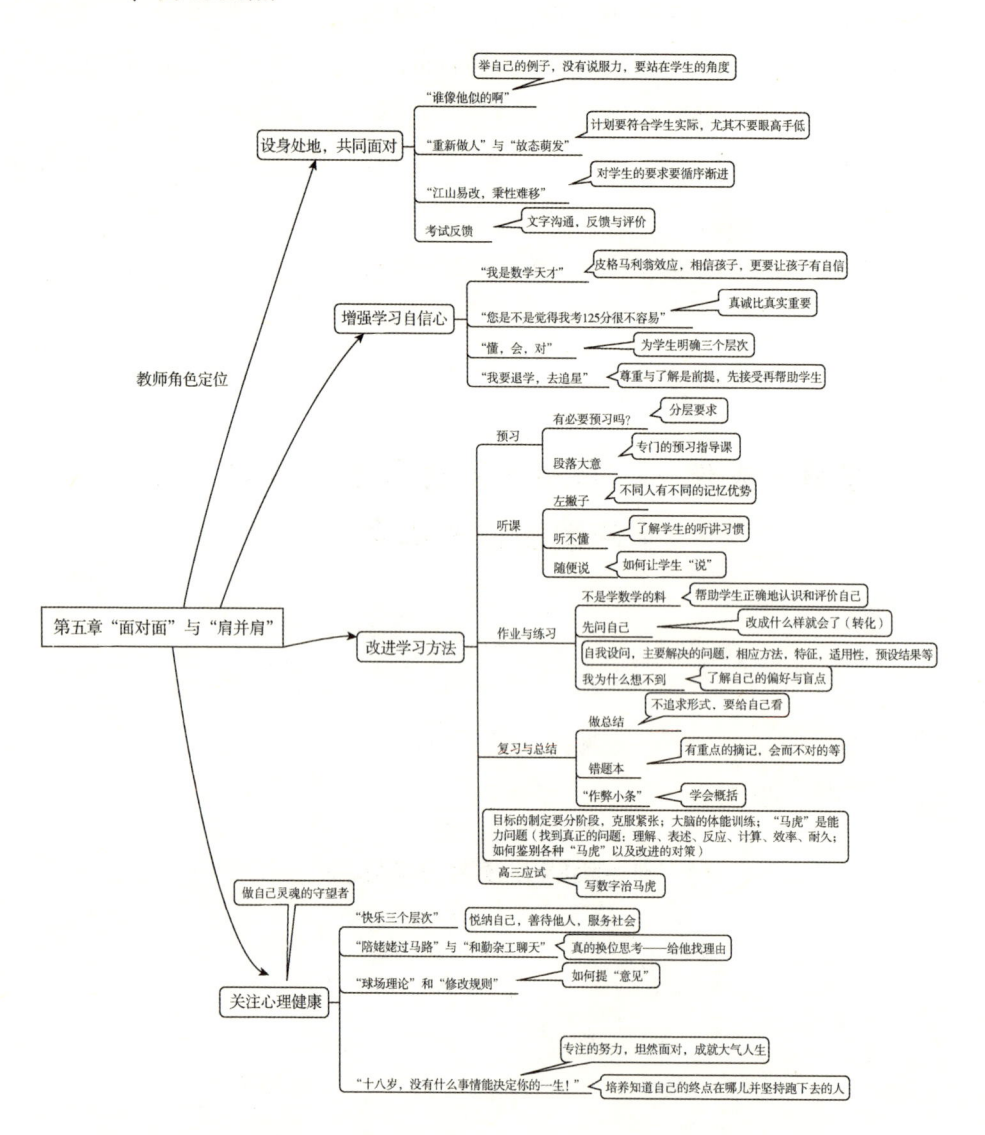

教师角色定位

- 第五章"面对面"与"肩并肩"
  - 设身处地，共同面对
    - "谁像他似的啊" —— 举自己的例子，没有说服力，要站在学生的角度
    - "重新做人"与"故态萌发" —— 计划要符合学生实际，尤其不要眼高手低
    - "江山易改，秉性难移" —— 对学生的要求要循序渐进
    - 考试反馈 —— 文字沟通，反馈与评价
  - 增强学习自信心
    - "我是数学天才" —— 皮格马利翁效应，相信孩子，更要让孩子有自信
    - "您是不是觉得我考125分很不容易" —— 真诚比真实重要
    - "懂、会、对" —— 为学生明确三个层次
    - "我要退学，去追星" —— 尊重与了解是前提，先接受再帮助学生
  - 改进学习方法
    - 预习
      - 有必要预习吗？ —— 分层要求
      - 段落大意 —— 专门的预习指导课
    - 听课
      - 左撇子 —— 不同人有不同的记忆优势
      - 听不懂 —— 了解学生的听讲习惯
      - 随便说 —— 如何让学生"说"
    - 作业与练习
      - 不是学数学的料 —— 帮助学生正确地认识和评价自己
      - 先问自己 —— 改成什么样就会了（转化）
      - 自我问询，主要解决的问题，相应方法，特征，适用性，预设结果等
      - 我为什么想不到 —— 了解自己的偏好与盲点
    - 复习与总结
      - 做总结 —— 不追求形式，要给自己看
      - 错题本 —— 有重点的摘记，会而不对的等
      - "作弊小条" —— 学会概括
    - 高三应试
      - 目标的制定要分阶段，克服紧张，大脑的体能训练；"马虎"是能力问题（找到真正的问题；理解、表述、反应、计算、效率、耐久；如何鉴别各种"马虎"以及改进的对策）
      - 写数字治马虎
  - 关注心理健康 —— 做自己灵魂的守望者
    - "快乐三个层次" —— 悦纳自己，善待他人，服务社会
    - "陪姥姥过马路"与"和勤杂工聊天" —— 真的换位思考——给他找理由
    - "球场理论"和"修改规则" —— 如何提"意见"
    - 专注的努力，坦然面对，成就大气人生
    - "十八岁，没有什么事情能决定你的一生！" —— 培养知道自己的终点在哪儿并坚持跑下去的人

二、摘抄与体会

【摘抄1】

P153-154　所谓"设身处地"，就是要设想"我"是学生之身，处于学

生所在之地,"我"的发展愿望是什么,"我"能用什么方法解决现在所面临的问题。这样既能有效地缩短师生之间的心理距离,更主要的是,教师将更容易把握学生现有的心理调节能力、心理发展水平与发展愿望,从而使其建议、要求更易被学生接受并实施,因而也就更易有实效。所谓"肩并肩",更多的是强调一种心理态势:面对问题,我们与我们的学生并肩而立,"解决问题"就成了我们面前要共同完成的任务。所谓"共同面对",是强调要积极地、有效地尽可能全程参与学生的发展过程与解决问题的过程。

【体会】

从"面对面"到"肩并肩"是老师对学生态度的转变,也是作为老师的教育理念的转变。之前,给学生分析试卷,我都是很细致的标记出学生的问题,很多时候还在卷子旁边写上"分析"以及改进建议。读了谷老师的书后,我反思了自己,是不是主观臆断了学生错误的原因?为此,我专门找学生进行了面批,结果真的很出乎意料!比如,初一刚开学,我对学生还不是很熟悉。前两天我们检测了有理数的加减法,有个学生就把16-10算成了4!我当时心里想着,这孩子,计算能力也太差了!我就想在他的检测纸上写下"看来计算还要加强练习"这句话,但是转念一想,还是问问孩子,当面说吧!结果,孩子说,他的眼镜早上碰坏了,他抄题的时候抄错了数,看成14-10了。我听了,一边教他以后有困难要跟老师说,可以临时调换座位,一边让他改正。看着孩子因为被老师理解和"照顾"的高兴表情,我自己也很开心!看来,以后还是要多跟孩子沟通,切实了解孩子的问题。

【摘抄2】

P163-164 与学生学习自信心、学习动力相关联的因素也非常多,但其中最重要的,应该是:学生是不是想学好,有没有信心学好,怎么评价是不是学好了。只有真正了解、也理解了学生对这些重要题的态度和看法,才能与学生真诚合作,帮助学生进一步增强学习自信心、提高学习动力。

在利用皮格马利翁效应的时候,也一定要多站在学生的立场上,看到它的局限。而弥补这一局限性的方法有两个：一个，就如前文所述，把"底儿"交给学生，请学生理解包容自己的局限性；另一个，就是要真正相信，人人都能学好数学，你对学生的期待才是真诚的态度，而不是一种手段，或者只是针对某个人的评价。

【体会】

2017年，我参加学校跟联合国教科研组织共同组织的一个可持续发展的子课题的研究。为了获得一些资料，我特意对初一的新生进行了一次问卷调查，最后得到了一个惊人的结果：有近80%刚上初一的孩子认为自己没什么数学天赋，并表示了自己对数学的担忧。我也采访了一些孩子，包括分班考试成绩在90分以上的学生。他们的担忧有很大一部分来自对未来初中学习的"了解"，"我爸爸说了，初中就数学最难，中考拉分的就是数学""我们老师说了，别看你们小学数学九十多分，到了中学可就不一定了"……看来，中考真的影响很大啊！每次新接手一个班，我都会对学生提出期待，并且用我自己的经历鼓舞孩子：只要方法得当，人人都能学好数学！看来，光用自己的经历还不足以帮助学生拾起信心。我要尝试用谷丹老师提到的方法：充分了解每一个孩子的问题，设身处地地站在孩子的角度，帮助他们由小到大地制定目标和计划，不同的孩子设定不同的期望值，肯定他们的进步，鼓励他们的成长！

【摘抄3】

P174 首先，选定一个课题，要求全班同学皆做预习，其次，布置预习思考题，最常用的思考题有三大类：1. 将课本内容按意群划分一下段落，并说说段落大意。在这样的划分中学生可以体会到我们在建立、阐述某个数学内容时经常用到的角度、规则。2. 说说各段落之间的逻辑关系。3. 说说各例题对理解、应用数学概念、定理、公式的意义，是否可以将这些例题改造，在课堂上以交流、讨论、完善预习成果的方式，进一步使学生更为自如地使用预习的方法，提高预习的质量。这样的预习指导，对那些没有预习或自学习惯的孩子来说也是有裨益的，他们很容易就将这样的方式迁移到他们的课内外。

P176　我开始更多地关注认知心理学中发现的各种不同的认知类型，我也不断发现了一些将"听觉记忆""视觉记忆"等等作为优势记忆方式的学生，这更有利于我为他们提供更适合他们的学习建议。更主要的是，我会更警醒自己不要随意将自己的认知类型推己及人，而要更多地去关注学生的认知形式、认知过程究竟是怎么一回事，更切实地设学生之身处学生之地，为他们提供恰当有效地解决问题的方案。

P184　遇到不会的题，想三个问题：（1）题目中有没有"不知道"是什么意思的词句？划出来。（2）要想得到结论，需要哪些条件？有哪些在题设条件中已经说了，有哪些"不知道"怎么才能获得？（3）题目要解决的这类问题，是我们学过的吗？跟哪个例题或做过的习题比较像？这类问题一般都有哪些解决的方法？看上去哪个方法最像能解决这道题目的？

【体会】

以上是谷丹老师在书中提到的关于改进学习方法的一些具体的做法，我深受启发。每次学生来问问题，说得最多的一句就是："老师，这道题我不会，您帮我讲讲吧！"如果我追问一句："好！你哪里不会？"这时候孩子往往感到无从回答。"我不会，您讲一遍呗，从头到尾地讲一遍不就行了？""我也不知道我哪不会啊！"每当这时，我就让学生一边读题一边分析，我发现很多时候是学生不知道某个条件怎么分析或者能分析出什么，也有时候是自己根本就没分析，因为"一眼"没看出思路就来问了，也有时候是没读明白题中给了什么。这时候，我会教孩子，要先看看题目要求什么，自己有没有需要的知识储备，或者干脆列出需要的知识。比如，结果是证明两条线段相等。那么，心里先列出证明线段相等的题型有哪些，如果两条线段在同一个三角形里，那么很可能就需要通过证明角相等来证。如果在两个不同的三角形里，就可能要考虑通过全等或者相似来证。心里先做一个"预设"，然后再分析已知条件，并结合"目的"和"需要"去分析，以避免"走偏"。孩子们按照我说的，有时候自己就能解出来了，解不出来的也清楚自己的问题是什么了，也就是"哪里不懂"了。

【摘抄4】

P218-220 "专注、坦然、大气"。我们专注地努力着，以坦然的心态面对努力后的结果，在专注和坦然中成就大气人生。十八岁，也许有些事情会影响你的一生，但没什么事情能决定你的一生！"四中培养的主要不是站在起跑线前端的人，而是知道自己的终点在哪儿并且坚持跑下去的人。"正是从孩子们的这些话里，我看到了他们的成长，也看到了我在四中这个优秀的教师群体中的成长——从朦胧怀有守望者之愿，到坚守守望者之位，恪尽守望者之职，如若不是在这样一个心愿相同、心意相通、心力相融的群体中，也许我前面所述的种种努力，将消弭在内耗中了。人生的价值，究竟怎么来度量？什么是真正的"成功"？无论现世如何喧嚣浮躁，无论外界褒贬成败的标准多么功利混乱，他们会愿意，而且他们也有能力做自己尊贵、善良、沉静的灵魂的守望者。

P212-213 关于"心理健康"，有各种各样种类繁多的"评价标准"。我将此概括为"悦纳自己，善待他人，服务社会"。

【体会】

读到这部分内容，让我不禁热泪盈眶！四中的孩子真幸福！在他们即将开启精彩人生之前，能有幸有谷老师为他们做"灵魂的引路人"。能让他们明确人生的大方向，还能学会处理很多成年人都不会处理的问题。比如我！我究竟为什么活着？我的价值在哪里？这个问题困扰了我很多年。我记得我问过我爸爸，他是生于四十年代的老党员，他说："活着就是为了给社会创造更多的财富，让大家生活得更好！"当时我觉得他说的对是对，但总觉得没有解答我的问题。大学时，我跟舍友们也探讨过，没有什么明确的答案。后来参加工作了，听着办公室同事们念叨生活的琐碎，现实的无奈。分享着朋友的幸福和烦恼。再提起这些，经常被同事取笑。偶尔有年长的老师听了也会说："人活着为了什么？这个问题没有答案。想多了自寻烦恼！"可是，这么多年，我一直执拗于此。如果我自己都不知道人活着是为了什么，那我怎么去教育我的学生，我的孩子？"悦纳自己，善待他人，服务社会"，我想，这就是人活着的意义吧！

当老师近20年了，跟学生在一起永远是最快乐的时光！但平时更多的时间是在忙于琐碎的似乎跟教学无关的工作，所谓的"内耗"，大体就是吧！读了谷老师的书，我也学着罗列出了我"看不惯""不喜欢"的人和事，学会站在对方的角度，用正面的方式说说他为什么要这样做。对学校的一些制度，也试着用"球场理论"与"修改规则"，先了解一下制度制定的原因，分析不足，然后尝试着用数据向领导提出建议。我发现，自己的不满和抱怨真的少了很多！心态也平和多了。特别是了解了学校领导的意图后，我发现，真的是角度不同，站位不同，导致了很多的误解。跟家长沟通前，觉得他们不管孩子，对自己的孩子不负责任，把教育孩子的任务都推给了老师。沟通后发现，每个家庭都有很现实的问题，也有很难解决的困难。站在对方的角度，彼此理解，相互信任，孩子的变化也特别明显。

"你唤人一声，是要给予，而不仅仅是索取。"我们工会主席在全校大会上两次强调老师们进出校门要和保安师傅打招呼。开始我真的不太理解。保安师傅帮我开门，道声谢是应该的。如果人家正常执勤，打招呼有必要吗？但是，老师们真的做了。现在，每次进出校门保安也老远的跟老师们打招呼，大家的笑脸多了，氛围特别好！

《守望·成长》是谷丹老师从师多年的总结和分享，对于其他老师是一份宝贵的财富！感谢谷老师的馈赠和教育，向谷老师学习！

刘凯的阅读摘抄与体会

阅读内容：第六章"自然成长"与"共同成长"

一、内容概要

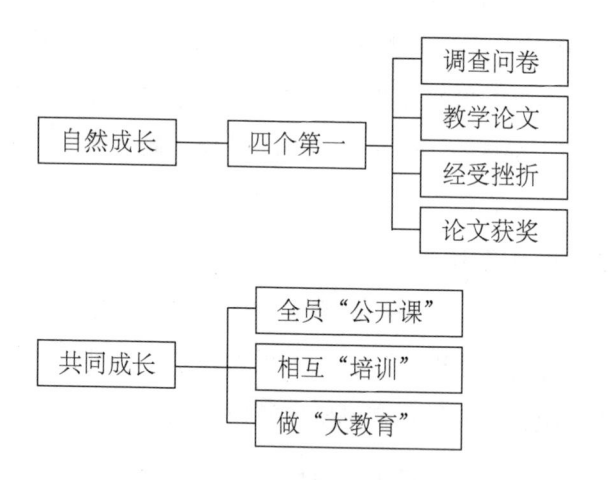

自然成长 → 四个第一 → 调查问卷 / 教学论文 / 经受挫折 / 论文获奖

共同成长 → 全员"公开课" / 相互"培训" / 做"大教育"

二、读后感

假期有幸拜读了谷丹老师的《守望·成长》一书，获益匪浅，感触颇多。何为"守望"？何以"守望"？何为"成长"？何以"成长"？在书中我似乎找到了答案，有了些许思索。

第六章中，谷老师谈到了"自然成长"与"共同成长"。教师的专业发展日益成为人们关注的焦点，如何实现教师的专业发展是值得我们每一位教育工作者思考的。取得了教师资格证书并不代表已经成为合格的教师，当了一辈子的教师也不一定其专业性都得到了发展。教师的专业发展固然与时间有关，但又不仅仅是时间的累积，更是教师专业素养的不断提高、专业理想的逐渐明晰、专业自我的逐步形成。谷老师谦逊地说自己是自然成长，不知不觉，就"长"成这样了，在谷老师谦逊的背后我们深知这"自然"中付出了多少努力。从四个"第一"中看到了一位教师的执着、思考、用心、敬业……第一份"调查问卷"体现的是对学生的尊重，对每一个实验和改革的慎重；第一篇"教学论文"体现的是如何以研究的态度"教学"，如何在备课、听课、上课、改作业、出卷子、改卷子等日常教学工作的同时研究教学，如何能做到言之有物；第一次"经受挫折"体现的是教师的成长，经受"打击""否定""批评"后的思考，优秀的师者应是生动感性与严谨理性交融，踏实专注与幽默机智并存，朴实无华与深邃睿智兼具。第一次教学论文获全国一等奖，呈现了从"小我"到"大我"的升华，不仅自己时刻带着"做教研"的心态讲好课，更要帮助全组老师都要以"做教研"的心态上好课，不仅自己要写出有分量的教学论文，还要组织帮助组里的老师们写出像样的教学论文。

教师的成长既要有自己的不懈努力，认真钻研，更是一个向前辈、同伴乃至自己的学生学习的过程，共同成长，共同收获。在共同成长的过程中，以尊重、欣慰的态度对人，以专注、简捷的方式做事，以开放、乐观的态度生活。谷老师在书中分享了自己在成长过程中的所思所做所得，与更多的人"共同成长"，与其说是谷老师的成长，不如说是在谷老师的影响之下新一代教育工作者的成长和蜕变。在全员"公开课"中，谷老师提到我们要随时随地对我们自身的教学过程投入关注。宏观的关注：教学目标的立意能否更高，数学内容的内涵挖掘能否更深入，给学生提供的探究空间能否更开阔，为学生提供的发展动力能否更持久？细微的关注：剧本是否生动有趣，台词是否准确流畅，情节发展是否合情合理，演员们的表演热情是否被调动被激发，观众是否入戏了？这样的关注，鞭策着身边的教师站得更高，看得更远，想得更深。这样的关注无论是宏观还是微观，永无止境，正是在无止境的关注中，实现着自我的成长。

作为坚守在一线的教师，我们要向谷老师致敬，向谷老师学习，立足做"大教育"，不断挖掘教材的数学内涵，找到切实可行的方法去指导学生把握这些内涵，满足学生发展能力的需求，拓展视野，不断尝试新途径、新方法，实现自我成长，共同成长！

三、希望进一步探讨的问题

1. 在课堂教学中如何发展学生的数学核心素养，实施要点；
2. 如何提升学生的数学阅读能力。

今天我是出题人
——来自"分式乘方的运算"一课的小故事

王佳菊

【故事名称】今天我是出题人——来自"分式乘方的运算"一课的小故事

【故事主题】从被动解题到主动出题

【讲述人】王佳菊（北京育才学校通州分校）

【故事时间】2020.9.9

【故事内容】

学习了分式乘方的运算法则，我问：如果你是出题人，你想如何出题？

生1：$\left(\dfrac{b}{a}\right)^4$

生2：$\left(\dfrac{b}{2a}\right)^4$

师：这两个题都是分式的乘方吗？先做哪个，为什么？

生1：两个题都是分式的乘方。先做$\left(\dfrac{b}{a}\right)^4$，因为它比较简单。

生2：$\left(\dfrac{b}{a}\right)^4$分母的系数是1，而$\left(\dfrac{b}{2a}\right)^4$分母的系数是2，所以第一个

简单。

学生依据分式乘方的运算法则,分别计算这两道题。

师:如果把 $\left(\dfrac{b}{2a}\right)^4$ 变得复杂一点儿,可以如何变化?

生1: $\left(\dfrac{3b}{2a}\right)^4$

生2: $\left(\dfrac{3b}{-2a}\right)^4$

生3: $\left(\dfrac{-3b}{2a}\right)^4$

生4: $\left(\dfrac{3b}{-2ac}\right)^4$

生5: $\left(\dfrac{3b}{-2a+c}\right)^4$

生6: $\left(\dfrac{3b}{-2ac^2}\right)^4$

生7: $\left(\dfrac{3b+1}{-2a+c}\right)^4$

生8: $\left(-\dfrac{3b}{2a}\right)^4$

师:如果给这些题目分类,如何分类,标准是什么?

生1:第一类: $\left(\dfrac{3b}{2a}\right)^4$、$\left(\dfrac{3b}{-2a}\right)^4$、$\left(\dfrac{-3b}{2a}\right)^4$;

第二类: $\left(\dfrac{3b}{-2ac}\right)^4$、$\left(\dfrac{3b}{-2ac^2}\right)^4$;

第三类: $\left(\dfrac{3b}{-2a+c}\right)^4$、$\left(\dfrac{3b+1}{-2a+c}\right)^4$;

第四类: $\left(-\dfrac{3b}{2a}\right)^4$。

第一类分子、分母都是单项式,它们的系数和符号发生变化。第二类分子、分母也都是单项式，但是分母多了一个字母 c，且 c 的指数发生变化。第三类分母是多项式。第四类分式前面有一个负号。

生2：第一类 $\left(\dfrac{3b}{2a}\right)^4$、$\left(\dfrac{3b}{-2a}\right)^4$、$\left(\dfrac{-3b}{2a}\right)^4$、$\left(\dfrac{3b}{-2ac}\right)^4$、$\left(\dfrac{3b}{-2ac^2}\right)^4$，分子、分母都是单项式；

第二类 $\left(\dfrac{3b}{-2a+c}\right)^4$，分子是单项式，分母是多项式；

第三类 $\left(\dfrac{3b+1}{-2a+c}\right)^4$，分子、分母都是多项式；

第四类 $\left(-\dfrac{3b}{2a}\right)^4$，分式前有负号。

师：综合同学们的想法，对于不同的分式的乘方，分子、分母可以发生变化，既可以是单项式，也可以是多项式；而对于单项式的系数、字母、指数又可以变化；对于整个分式符号也可以改变。

师：按照从简单到复杂把这些题目排序，你准备先解决哪些题目？

学生排序如下：$\left(\dfrac{3b}{2a}\right)^4$、$\left(\dfrac{3b}{-2a}\right)^4$、$\left(\dfrac{-3b}{2a}\right)^4$、$\left(\dfrac{3b}{-2ac}\right)^4$、$\left(\dfrac{3b}{-2ac^2}\right)^4$、$\left(\dfrac{3b}{-2a+c}\right)^4$、$\left(\dfrac{3b+1}{-2a+c}\right)^4$、$\left(-\dfrac{3b}{2a}\right)^4$。

学生逐一求解，订正答案。

师生一起总结了如何出题，基本原则是从简单到复杂，整体结构不变，改变局部。最后，再通过书上的习题巩固练习。

【故事分析】

以往我们在总结出运算法则后往往直接呈现书上的例题，学生根据法则计算。一直以来，这成了老师们习以为常的方式。同时，在长期的教学实践中我们也发现，这样做学生只是被动地接受，他们并不知道题目是如何呈现的，也不清楚题目之间的特点和层次，而且学生参与的积极性不高。通过"今天我是出题人"这个环节的设计，调动了学生参与的积极性，每个人都能积极思考，都想出题考考大家。虽然学生开始出的题千奇百怪，但是这样几节课下来，学生就可以发现其中的规律，理解了出题人的用意，观察到题目之间的变化，感受到题目的梯度，所有这些不是教师强加给他们的，而是在一个个活动中鼓励学生勇于表达，主动交流，促进他们思维的发展。

教会学生"出题"，就是要让学生在多变的、灵活的试题中领会不变的方法和规律，感受知识运用的过程。

"猴子爬树"与"地铁跑酷"
——来自"二次函数图象"一课的故事

顾 客

【故事名称】"猴子爬树"与"地铁跑酷"——来自"二次函数图象"一课的故事

【故事主题】我与学生共成长

【讲述人】顾客（北京五中通州校区）

【故事发生时间与对象】2020. 9. 15

【故事内容】上周讲了二次函数 $y=ax^2$、$y=ax^2+c$、$y=a(x-h)^2$，周一进行了小检测，发现掌握得不好。今天计划将三类函数进行对比复习。

突破难点一：$y=ax^2$、$y=ax^2+c$、$y=a(x-h)^2$ 的图象之间的联系

设计意图：单学 $y=ax^2$ 掌握得不错，学了 $y=ax^2+c$ 掌握得也还可以，但是学了 $y=a(x-h)^2$ 后，学生对知识有些混淆。本节课想通过对比函数图象，让学生明白 c 和 h 对函数图象的影响。

师：PPT 展示函数 $y=ax^2$ 和 $y=ax^2+c$ 的图象，让学生们回答相同点和不同点，说出 c 的作用。

生：开口方向相同，对称轴相同，增减性相同。

师：不同点呢？

生：顶点坐标不同，最值不同。

师：c 的作用是什么？

生：有了 c，$y=ax^2$ 的图象就上下平移了。

师：沿着哪条直线平移？

生：沿着 y 轴上下平移。

生A：和升国旗似的，图象就是国旗。

生B：和猴子爬树似的，y 轴就是大树，图象是猴子。

生C：哈哈哈哈，猴子爬树。

师：你们的想象力真丰富，那我们给 $y=ax^2+c$ 起个名字，就叫做猴子爬树。

生：老师，是不是 $c>0$ 时猴子往上爬，$c<0$ 时猴子往下爬？

师：对！

师：PPT展示函数 $y=ax^2$ 和 $y=a(x-h)^2$ 的图象，让学生回答相同点和不同点，说出 h 的作用。

生：开口方向相同，最值相同。

师：不同点呢？

生：顶点坐标不同，单调区间不同，对称轴也变了。

师：h 的作用是什么？

生：有了 h，$y=ax^2$ 就左右平移了。

师：沿着哪条直线平移？

生：沿着 x 轴左右平移。

师：我们给 $y=ax^2+c$ 起了名字，叫猴子爬树。那也给 $y=a(x-h)^2$ 起个名字吧。

生A：火车轨道。

生 B：地铁轨道。

生 C：地铁跑步。

生 D：地铁跑酷。

(学生你一言我一语)

师：大家的想象力都很棒，那就统一叫做地铁跑酷吧，x 轴就是地铁的轨道，地铁沿着轨道左右平移。

生：哈哈哈哈，猴子爬树，地铁跑酷，跑酷那个游戏我还玩过呢。

突破难点二：巧记 $y=ax^2$、$y=ax^2+c$、$y=a(x-h)^2$ 的图象的对称轴

师：PPT 展示 $y=-3x^2$、$y=-3(x+2)^2$、$y=-3(x-3)^2$、$y=2x^2$、$y=2(x+1)^2$、$y=2(x-1)^2$ 的图象，请同学们回答这些函数图象的对称轴。

生：对称轴分别为直线 $x=0$，直线 $x=-2$，直线 $x=3$，直线 $x=0$，直线 $x=-1$，直线 $x=1$。

师：你们能说说哪些函数是"猴子爬树"，哪些是"地铁跑酷"吗？(本想强化函数之间的变化关系，明确 $y=-3(x+2)^2$，$y=-3(x-3)^2$ 是在 $y=-3x^2$ 的基础上左右移动而不是上下移动)

生 A：老师，我发现一个小妙招，可以快速求出对称轴。

师：好的，你来说说。

生 A：老师，我可以这样吗？找到平方，然后让平方下的数为 0，解出来就是对称轴呀！

师：可以这么做，但是你的小妙招有局限性。适用于"猴子爬树"和"地铁跑酷"以及明天要学的 $y=a(x-h)^2+k$ 类型的函数。对于 $y=ax^2+bx+c$ 形式的函数，你的小妙招就不管用了，比如 $y=2x^2+3x+4$，按照你的"小妙招"对称轴是直线 $x=0$，而实际上直线 $x=0$ 并不是它的图象的对称轴，后期我们会学习 $y=ax^2+bx+c$ 的图象性质，你也可以提前阅读课本，书中有你想知道的答案。

生 B：老师，$y=a(x-h)^2+k$ 不就是"猴子爬树"和"地铁跑酷"的

升级版吗?

师：你真棒，哪位同学能把大家的想法归纳总结一下。（此时的课堂完全出乎了我的预料，学生的思路让我感到意外，他们的奇思妙想给我的教学带来了新的灵感）

生C：老师，我能到讲台上说吗？（学生C性格外向，喜欢给同学讲题，喜欢扮演"小老师"的角色）

师：可以。

生C：就是说，$y=ax^2+c$ 的图象是由 $y=ax^2$ 的图象经过上下平移得到的，有点像猴子爬树；$y=a(x-h)^2$ 的图象是由 $y=ax^2$ 的图象经过左右平移得到的，有点像地铁跑酷。$y=a(x-h)^2+k$ 和 $y=ax^2+c$ 相比，多了一个 h，可以理解为"猴子爬树"的升级版，$y=a(x-h)^2+k$ 和 $y=a(x-h)^2$ 相比，多了一个 k，也可以理解为"地铁跑酷"的升级版。这三种类型的函数，可以利用"小妙招"求对称轴。

师："小妙招"怎么用？

生C：嗯……（学生停留许久没有说话，此时我以为他不知道怎么用，想叫其他同学帮助他，当我准备叫其他同学的时候，他继续讲解了）老师我想给"小妙招"也起个名字。

师：好，你想起什么名字？

生C：抓方为0求对称轴。（听到这个词，我也是很意外，继续让学生解释抓方为0是什么含义）

师：你来解释一下，抓方为0怎么操作？

生C：就是找到平方，平方下的式子令其为0，解出来的答案就是对称轴。（其他同学纷纷鼓掌表示认同，"抓方为0"就这样在同学们的奇思妙想下产生了）

生D：老师！不对，他说的不严谨，数学得严谨。

师：你来说说哪里不严谨？

生 D：用"抓方为 0"之前必须先看函数是不是"猴子爬树""地铁跑酷"，不是所有形式的函数都能用。可以把 $y=2x^2+3x+4$ 化简成 $y=a(x-h)^2+k$ 的形式，然后就能用"抓方为 0"求对称轴了。

（此时，铃声响起，这节课在学生的欢声笑语中结束。没有让学生 D 继续分享他的想法。下课后，有好多同学围在学生 D 旁边，学生 D 给其他同学讲怎么把 $y=2x^2+3x+4$ 化简成 $y=a(x-h)^2+k$ 的形式）

我的内心活动：自己提前备的 $y=ax^2+bx+c$ 的图象性质，看来需要进行调整了。课堂果然是生成性的，无法提前预想一切，孩子们的想法很发散，也带给我很多新的想法。

【故事分析】

课后用小条进行了后测，全班 28 人，25 人能够把对称轴找对，其中错误的 3 名学生是在函数练习的第 3 道出了问题。$y=-(2x^2+1)$ 这道题故意挖了一个坑，表面看学生会以为是 $y=a(x-h)^2$ 类型的函数，而实际上是 $y=ax^2+c$ 类型的函数。

【本周反思】

通过这节课，最大的感触就是"教学相长"，这一原则揭示了教与学之间相互制约、相互渗透、相互促进的既矛盾又统一的关系。在教学中"学"因"教"而日进，"教"因"学"而益深，本节课我深刻体会到教师的教与学生的学可以相互促进，师生之间应该相互包容，师生关系应该是一种共同成长，相互促进的关系，良好的师生关系能充分利用教学资源，营造出良好的学习氛围。

后　记

本文为相慧芬老师撰写。这是一位从教三十余年的教师的成长之路的记录和成长体验的抒写，也是一位教师对如何适应新时代党和国家对教师提出"四有"好老师和"四个引路人"的要求而做出的自觉反思和实践诠释。特以此文作为后记，代表工作室成员的共同感悟和给青年教师的建议。

有志，有心，有乐
——教师专业成长之路

有三点对青年教师的建议始终深深地印在我的脑海里："青年教师要读好教育那本厚书，读好学生那本大书，读好教师自己的那本薄书。"所谓"厚书"是因为教育的育人使命重大，极为厚重；"大书"是指学生的成长过程极为复杂，值得教师终身研究；"薄书"则是指教师在面对教育使命和复杂的人的成长过程，要知道自己的"浅薄"，要有意识的不断提高，让这书从薄变厚。而师者要想完成这样的变化过程，在我看来需要三点：有志，有心，有乐。

一、教者有志

习近平总书记先后对教师提出"四有"好老师和"四个引路人"的要求：有理想信念，有道德情操，有扎实学识，有仁爱之心；要做学生锤炼品格的引路人，做学生学习知识的引路人，做学生创新思维的引路人，做学生奉献祖国的引路人。这些非常重要，因为教师的理想信念既是成为一名好教师的动力，也会对学生潜移默化地产生影响。

我不敢说自己是一个有远大理想的人，但我努力"干一行，爱一行，做好一行"。回首自己三十余年的从教经历，我觉得自己也算是一个有志向、能够为自己志向努力的人，这种品质是我成长道路上的发动机。

我的大学专业是生物，毕业后在家乡顺理成章地成为一名生物教师。

我的家乡是小城市，但是对教育的重视程度却不逊于任何一个大城市，在三十年前我初入职的时候，家长们的择校可谓是升级版的：不仅要选择心目中的名校，还要选择班主任，把班主任所教学科也作为选择的一个标准。数学学科毫无悬念地成为榜首，其次是英语学科，再其次是语文学科，那时候的历史、地理、生物等被称作是副科，而我作为副科的生物教师根本没有当班主任的机会，这让我感到有些沮丧，缺乏存在感。于是，我决定做一个改变，弃生从数。由于我喜欢数学，从小也表现出点儿数学天分，老师给一本数学竞赛的书，自学就能拿个一等奖，而且有一个"怪癖"，见到题就想解，执教生物时，也都要拿起笔来和学生一起做数学试卷。于是，我通过进修数学教育专业，在教了五年生物学科后，如愿成为一名数学教师，也获得了班主任的头衔！

但兴奋的甜蜜还没来得及品味，尴尬的场面就出现了。那一年和我同一个年级担任班主任的教师中，还有两位也是数学教师，都是在当地颇有名气的老教师，而我从生物教师刚刚转为数学教师，家长和学生当然不买账。于是就出现了两位名师的班级人数是我的班级人数近一倍的场景，左邻右舍是门庭若市，人来人往；自己的班级冷冷清清，少有问津。于是，三年里，我带着孩子们勤耕不辍，像蜗牛一样慢慢前行，慢慢进步。以每一次学校活动为契机展示孩子们的才华，建立他们的自信，我们的班会课、舞蹈节目都是唯一代表学校参加比赛的，这份荣耀让孩子们知道自己能行，自己不比别人差！还有一点我特别引以为豪的是我们的教室永远窗明几净、温馨如家。我就是要给孩子们这样的感受，让他们爱家、想家，把班级的荣誉看得比什么都重要，当自己的学习成绩和班级的荣誉挂钩的时候，学生学习的主动性也就提升了……就这样，我们师生在汗水和泪水中，经历着、坚持着，终于在中考的时候，我带的班级冲到了年级最前列！我自然就成了当地的"明星"班主任。五年后，由于教学成绩突出，我被评为内蒙古自治区数学教学能手。

2001年工作迁至北京，由于教学出色，我得到了学校的信任，有机会在学科主任、年级主任、教学主任等多个岗位实践历练，随着通州北京城市副中心定位，我又被委派到通州校区做教学副校长，面对学校中考成绩长期居于全区末位、教师斗志力较弱的境况，我配合校长，主动设计内培、外培、自培相结合的多样化师训方式，为老师们的专业成长搭台助力，引进专家、引进课题，让老师们遇见好的教育，唤起教师队伍的学习动力。经过四年的努力，师生的变化和成长有目共睹，年级从无节制的延长教学时间到合理调配和限制课时，老师们都积极上公开课、研究课、做课题，结合自己的教育教学工作写案例、写论文，获得市、区级的各种奖励和证书，老师从张口就抱怨学生基础不好到时常夸奖学生真的很棒。学生从胆怯的窥视校长，到大方的和校长进行交流，中考成绩达到全区平均水平，学校实现了跨越式发展。

三十余年的教育生涯告诉我，面对多样的学生和多变的教育，教师不能躺在舒适区里，而是必须始终以一种昂扬向上的状态去对待自己的工作、影响身边的人，教师的言行中透露出的价值观、思维与行为方式等对学生产生的积极影响，是最重要的育人，有理想信念、有道德情操、有扎实学识、有仁爱之心的"四有"教师，才可能担当起为党育人、为国育才的重任。

二、教者用心

成为一个有志向的好教师，只有愿望还不够，还要有方法，要做不断提升自己的有心人，把握好学习机会。根据教师专业发展的理论，个人反思、同行交流和专家引领是基本途径，个人反思应该贯穿在所有活动过程中，行动上则需要向同行学习，向学生学习，向专家学习。

1. 向同行学习：经验不能仅靠自己的积累

教育教学工作是需要经验积累的工作，但经验的积累不能仅仅靠个人的亲身经历，还需要通过多与同行交流，加速经验的积累。心理学家埃里克森的研究发现：决定伟大水平和一般水平的关键因素，既不是天赋，也不是技巧，而是刻意练习的程度。对此，我深以为然。

执教数学之初，我上每节课前，都要先听师傅的课，三年下来听课近300节，在每次听课之前一定是有自己的设计，了解课的重难点、自己的备课疑惑，以便听课时有的放矢。听课后要不断分析思考师傅的语言、教学的技巧和要领，择善而从，融入自己的课堂教学之中。

记得在讲"有理数加法"的内容时，因为法则类别多，没有经验也不了解学生会在哪里出现问题，我带着这些疑问去听师傅的课，课上关于和的符号问题的处理引发了我的思考：师傅没有上来就介绍法则的几种情况，而是借助实例先让学生判断某人是否还清欠款，从贴近学生的生活实例出发，让学生不但理解了和的符号问题，而且理解了和的绝对值的加减问题。引导学生从算理的角度去理解法则，好于将重心放在几类法则上。明白了这一点，我在课上除了沿用了师傅的做法外，为了让学生更扎实的用对法则，我还设计了让学生自主设计题目的环节，学生编制题目的过程则是他们从多个侧面理解并使用法则的过程，如此一来教学效果非常好。

我主动争取上研究课、公开课，获得深度备课、他人指导的机会。印象最深的一次是内蒙古自治区骨干教师的评选经历，经过七八轮的选拔，在每一轮的研磨过程中，我都感觉经历着一次顿悟和重生，迷惑、纠结、选择、否定、开悟，经历后迎来的是自己专业上的蜕变。我很珍惜也很享受和一群有着共同专业背景的人切磋、研讨，这是汇集众人智慧实现自我飞跃的绝佳过程，众智好比养分，滋养着你，在汲取别人营养的基础上，演绎出自己的特色和见解。

提升专业素养，是一个教师最好的敬业！我们选择了教师这份职业，那就意味着人生的很大一部分精力和时间要投入课堂。因此，教师用心备课、上课，就是对用心教书的最好诠释！

2. 向专家学习：新的视角助盲点突破

自己主动吸收、主动成长是基础，有名师指点会让自己走得更快、更远。名师指点不一定是当面指点，作为教学生学习的人，阅读是向专家学习的重要途径，对我而言，通过阅读于漪、叶澜、陶行知等教育家的著作，不仅能帮助我在迷茫困惑时找到方向，更是让我几十年职业生涯热情不减的能量棒。

我爱学习，也主动争取各种学习机会，比如，得知通州区"名师培养工程"设立初中数学名师工作室后，我向主持人申请加入工作室，在繁忙的教学工作之外，全程参加数学工作室的研修活动。

我觉得自己是一个非常幸运的人，能够在教师生涯中遇到许多好导师，有机会直接接触一些专家，深感有时候专家的一句话、一个点拨，就会让自己的认识升华、让自己的教学设计亮点凸显、让自己的文章增色。

比如北京教育学院的顿继安教授，在形成"学生立场"方面就对我产生了很大的影响。记得在设计"角"的研究课学案时，我设计了在学案中做批注的方式向学生示范如何阅读、如何批注，顿教授看了我的学案（图7-1-1）后，指出了问题：

这里示范的批注所用的诸如"静态定义""小提示，大道理：告诉你角的表示方法要恰当"等所用词汇、语气和关注点，明显是教师的立场，而非学生立场，既然是示范，需要示范的是某一名优秀学生的阅读批注，因此需要假设自己也是一名学生。

图 7-1-1

这段话让我瞬间被点醒：我们总把学生是主体挂在嘴边，真正落实到教学的每个环节就有意无意地忽略了，我设计的学案是教师视角，这些批注只有知道了更多的知识、关注"教学法"的教师才能做出来，教师对知识不但了解，而且明白其前世来生，知道知识的源起、架构及后续的运用等。然而，对于学生而言，是全新的、孤立的、零散的、无处安放的，学生要经历一个认识、了解、理解、熟悉、掌握的过程，他们刚刚接触一个新内容，更为关心的是数学内容问题，其批注主要应该是数学的感悟、所得或疑问。于是我调整了示范性的阅读批注，将"静态定义"改为"角的定义"，将"小提示，大道理：告诉你角的表示方法要恰当"改为"不能！以 O 为顶点的角有三个，$\angle \alpha = \angle AOB$"。通过这次备课，让我形成了站在学生的立场思考教学设计的问题、思考学生可能产生的想法的意识。

再比如海淀教师进修学校的张鹤老师，除了他对数学教育的著述和文章不断让我获得营养外，他教学和治学的严谨也让我深感折服，曾经看到张鹤老师展示的自己在一线做教师时的一份印刷般的手写教案，深受触动，这既体现了一位教师对知识的深度思考，对课堂的无比尊重和对学生的高度负责，也体现了自身的完美教学基本功，让我认识到：没有人能够随随便便成功。这些身边名师的言行和作品在指导我的同时，也不断警醒我自己在平凡的工作中，需要不断努力，追求卓越。

3. 向学生学习：教学相长非空话

陶行知先生提出"向学生学习"的教育思想："我们最注重师生接近，人格要互相感化，习惯要互相锻炼。人只晓得先生感化学生锻炼学生，而不知学生彼此感化锻炼和感化锻炼先生力量之大。"是的，走近孩子，能够蹲下来和学生平等交流，走进孩子心灵，发现学生的优秀品格或习惯，亦或是小到一道题的奇思妙想，正所谓教学相长。

记得在证明三角形中位线定理的时候，除了常规的证明方法外，有一位学生就提供了面积的证法，被我命名为"徐氏证法"，以后的教学每次学到这部分知识，我都会把"徐氏证法"津津乐道地介绍给学弟学妹，也激发同学们不断创造新方法。

在学习平行四边形的判定定理时，由于有三角形判定定理的探究经历，因此学生通过类比进行平行四边形的学习。学生会从一个条件、两个条件、三个条件的角度依次探究，发现一个条件不足、三个条件过剩，于是开展两个条件的探究。两个条件的探究学生最多给出十二种组合（同类组合共有五种，异类组合共有七种）。合计能判定是平行四边形的有九种情况。于是学生就开始思考，为什么教材里只给了五种判定定理？多出的四个为什么不作为判定定理？学生将自己的探索和思考形成了研究报告，下面节选一段学生探究报告的结语：

通过这次研究我们对平行四边形的判定有了更深刻的理解，给出了九种平行四边形的证明方法。教科书上给出的连同定义在内的判定方法共有五种，为什么"九变五"呢？是不是有的方法殊途同归，就合几为一了呢？但不管怎样，教科书上的五种判定方法我是认可和理解的！我似乎对图形的研究也有了一些探寻的方法，对数学的知识体系有所感知。看来我还得多看书了解数学知识的发展、数学学科知识的整体架构，才能领悟数学王国里的更多奥妙！由于时间有限，还有许多相关问题没有研究，下一步的工作可对其他几何形状的判定条件进行研究。

说实话，在这次开放性探究活动之前，我从没想这么多，是学生的这些探究，提醒和驱使老师深入思考，深刻理解习以为常的数学知识的发生过程，对数学本质的认识更加深刻。

向学生学到的，除了数学知识、新的解题方法，还有对学生心理的理解和把控，这对于教师而言比较具有挑战性，需要教师不断反省自己对学生的认知。

那是一个和往常没有什么两样的清晨，我发现教案里夹着一封信，这是一位女生的信，让我感到意外的是，信中她讲述了别人嘲笑她脸上有胎记的事情，幸运的是她在小学遇见了一位像妈妈一样的老师，鼓励她、帮助她建立自信、悦纳自己。现在她已经成长为一名初中生了，她就在我教的班里。而且孩子在信中问我是否愿意成为她的又一位老师妈妈……在信的最后写着：请保密！

读了这封信，我如鲠在喉，内心五味杂陈：自己怎么如此粗心！开学已经两月有余，竟然没有关注到这位内心敏感的小女孩。仔细想来，是自己的双眼被学业分数这块冰冷的坚实的铁板遮住了，还是自己的工作方法和能力有限？我自认为自己已经是一位有经验的教师了，却在小女孩面前开始怀疑自己。我迫不及待地拿起笔在信纸上写下：我愿意、我愿意、我愿意……

学生这本大书是教师从教的必读书目。随着时代的发展，这一点变得更为重要。当今学生获取知识的渠道很多，教师的权威性在下降，学生的视野和知识面经常超出教师的经验，老师更要时刻告诫自己：要经常翻阅、读透学生这本书，要与学生共同成长！

三、教者有乐

教师工作很辛苦，工作时间长，压力大，容易在周而复始的重复性工作中出现职业倦怠。教师要在不断尝试和变化中，制造教育的新奇感，增加职业的幸福感。实际上，生活中并不缺少美，只是缺少一双发现美的眼睛，缺少一个制造快乐的大脑。"教育是迷恋他人成长的事业"，教师的乐趣主要来自学生的成长，以及由此觉察到的自身的成长。

良好的师生关系既是教育的生产力，又是教师感到愉悦的基础，其中，能够发现学生呈现出的一些不完美的作品所蕴含的生动而鲜活的东西，进而引发学生成长，是教师乐趣的一个重要源泉。

在"有理数加法法则"学习中，学生自主提炼法则时，出现了文字语言、符号语言、文字和符号语言混搭的三种情况，学生表述出现了不严谨，不全面，叙述的语言蹩脚、甚至错误等各种情况。然而，这就是学生的真实问题、真实水平，重要的是教师要看到学生已有思维的生长，而非学生的不完美。于是，在课堂上通过师生质疑、辩论，不断修正，让法则变得越来越精准。这个跌宕起伏的过程看中的就是学生思考的逐步深入，从而让学生对法则的理解更深刻，为准确使用法则打下坚实的基础。顿继安教授指出："从学的角度看，困难和曲折是有意义的学习；从教的角度看，学生展示自己的智慧与困难是有效的教学基础。"教师最重要的就是尊重学生思维的发展过程，能够用欣赏的眼光来接纳学生呈献给我们的"粗糙的"知识，其意义正如皮亚杰所言："儿童不是通过接受现成正确行为的道理和规则而接近成人的状态，而是靠自己的努力和亲身的经验以达到正确的行为。反过来，社会期望于新一代的，不仅是模仿，而是更为丰富的东西。"

看似平淡重复的教育教学工作都不乏成为快乐的园地，关键是教师自身是否充满教育智慧，把无味的工作变得有滋有味。

  这些年我养成了一个习惯，就是在学生大考后在学生的试卷上留下墨迹，哪怕是画一个表情，签个名。因为学生在考试后的心情是最复杂的，高兴、沮丧、后悔、恐惧、无助等等，学生的这些心理活动，我们做老师的都一一经历过，因为我们曾经也是一名学生。回首当时，多么渴望得到来自老师的温暖和帮助，所以我要毫不吝啬地给予学生关爱和帮助，以爱施教，走进学生的心灵，做孩子们的心灵导师。每次下发试卷学生不仅会期待分数，也会期待着看老师的评语。记得毕业的学生跟我讲，老师我现在还保留着有您签名的试卷呢，遇到困难时拿出来看看，给自己力量。原来我的墨迹还能发挥这么大的作用！

  临近中考时各学科的一个必选动作就是给学生做考前辅导，老师反复叮嘱，学生昏昏欲睡。于是我就让学生每人从自己的复习情况、考试的重点知识、易错点、鼓励的话语等方面准备一份数学考前宝典，然后全班同学抓阄，以这种方式进行考前辅导，反思这种做法，有三点作用：一是来自未知同学的考前提醒，充满新奇感；二是同学送的毕业礼物，意义非凡；三是写宝典的过程就是自己反思的过程，又由于宝典要给别人看，做起来也会格外认真。类似这样的探索还有很多，如错题银行、综合题大字报、一题多解大字报等等，苏霍姆林斯基说："在每个孩子心中最隐秘的一角，都有一个独特的琴弦，拨动它就会发出特有的旋律，要使孩子的心同我们讲的话发生共鸣，我们自身就需要同孩子的心弦对准音调，慢慢走进他的内心，循循善诱！"教师寻找和拨动学生心中的琴弦，学生的吸引也会让教师对成长中的生命充满期待，因而产生无穷的乐趣。

四、结束语：教师必须成长

  一次和我首次当班主任、已经毕业了二十多年的班上的同学们在网上聊天，聊着聊着就聊到了当年的日子，这些当年十三四岁的初中生如今已经是三十多岁的爸爸、妈妈了，然而让我感到幸福的，是时隔二十多年，他们的脑海中仍对当年我们共处时发生的一些细节记忆犹新。

当年的班长郭同学说:"每次看到、提到相慧芬三个字,心情都是激动的,她是我一辈子的恩师。感激、佩服,太多的情感无法用语言表达。只有经历过的人,才能体会她是人生的赢家,她的学生是命运的宠儿。"

　　一位学生事后写下了这段文字发给我:"今天和老妈聊起往事,历历在目……当年刚上初中随机排名分班,我们三班就成了没有资深老教师带班的落后班。时任班主任的恩师天生争强好胜,靠着实力和不服输的性格,三年来带着我们斩获殊荣无数,成绩上数一数二,运动场上也不许我们退让分毫,获评内蒙古自治区级优秀班集体。还记得开学第一天就被老师的字迷住。从此,天天在底下临摹老师的板书,所以老师不仅是我的数学老师也是写字的启蒙老师,我一直说,老师是被数学耽误的书法家。印象最深刻的就是解方程答题开头要先写的那个'解'字,这个字我从老师那里第一次知道连笔怎么写,很多年后我依然这么写!还记得老师那时候对粉笔过敏,手上全是裂口,贴了很多胶布也不影响每节课。还记得那时候老师找我爸谈话,说女孩子长得好看本来就麻烦,不要给她买颜色鲜艳的衣服,蓝黑就很好,穿得那么艳丽影响学习,从此直到现在我都没有什么颜色鲜艳的衣服。"

　　小小的一个"解"字的写法就能改变学生的书写习惯,和家长的简单提醒就导致已经是两个孩子的妈妈仍旧没有颜色鲜艳的衣服!教师对学生的影响是何其深远,我禁不住要问自己:我的教育生涯里因为我的好,影响了多少学生?也因为我的能力不足造成了多少的遗憾?想起谷丹老师在其《守望·成长》一书中写下的文字:

　　我喜欢当老师。但从踏入中学校门的那一天起,我就怕听"人类灵魂的工程师"这个说法。在我看来,每一个孩子从天真纯良到日渐丰富成熟的灵魂,是值得敬畏的,每一个孩子的心灵对人性慢慢地觉悟过程,是值得敬畏的,想起要当"工程师",总怕会画错了图纸,选错了工艺,碰伤了"灵魂"……

　　是的,从学生喊我第一声教师那天起,我的哪句话、哪件事成就了孩子,还是伤了孩子?反躬自省,如果我当年的智慧和学识丰厚,又怎会简单粗暴地告诉爸爸不要给女儿买花色的衣服乃至影响其以后的审美!教师的职业是塑造人的工作，教师的一言一行都影响着未来的人。为人师者，当为人之模范，才能在自己几十年的教育生涯里努力不留遗憾。教育，一个肩膀挑着学生的现在，一个肩膀挑着民族的未来！时刻谨记于漪老师的忠告："一辈子做老师，一辈子学做老师！"

如此，教师必须走在成长的道路上，别无选择！

参考文献

［1］范梅南. 教学机智——教育智慧的意蕴［M］. 李树英，译. 北京：教育科学出版社，2014.

［2］艾利克森，普尔. 刻意练习——如何从新手到大师［M］. 王正林，译. 北京：机械工业出版社；2016.

［3］顿继安. 从"备学生"转向"研究学生"——基于学生研究的数学教学［M］. 北京：教育科学出版社，2015.

［4］苏霍姆林斯基. 给教师的建议［M］. 杜殿坤，译. 北京：教育科学出版社，1984.

［5］谷丹. 守望·成长——特级教师谷丹教育教学知行录［M］. 北京：商务印书馆，2017.

［6］成尚荣. 做教师是一篇大文章——于漪老师的为师之道［J］. 中国教师，2020（9）：5-8.